経済開発のエッセンス

辻　忠博［著］

創成社

はじめに

　本書は，発展途上国の開発問題について大学で初めて学ぶ者を対象として執筆したものである。したがって，開発問題に関する学問体系の基本を押さえておくことが肝要であるとの判断から，歴史，理論，政策の3本柱で本書は構成されている。ともすれば，経済学的アプローチを意識すると過去の出来事が捨象され，現状に焦点が当てられる傾向にある。しかし，本書では現状を知るには歴史的過程を無視してはならないとの認識に立って，開発問題の歴史的側面についても一定の紙幅を割いているところが類書にはあまりない点である。

　さて，筆者が大学生であった頃，専門的な研究書は少なからず存在したが，開発問題を体系的に扱った入門用の平易なテキストは多くはなかった。1986年に出版された渡辺利夫『開発経済学─経済学と現代アジア─』（日本評論社）などわずかであった。その他には，鳥居泰彦(1979)『経済発展理論』（東洋経済新報社）があったが，初学者には若干難解であった覚えがある。そういう状況の中で，開発問題を理論的にも，政策的にも網羅的に取り扱ったテキストとしてM・トダロ（1997）『M・トダロの開発経済学』（国際協力出版会）が出版された。それまでは原書に頼っていたので，待望の邦訳であった。これは辞書のように分厚く，しかも，重いものであったが，開発問題を本格的に勉強し始めた頃には重宝した。同書は共著者を迎えて，何度も版を重ねている内外で最も定評のあるテキストの1つである。本書の構成や内容も，トダロのテキストの影響を大きく受けていることをあらかじめ断っておきたい。

　ところで，大学の講義では，もっぱらテキストに基づいた一方通行的な講義ではなく，ディスカッションやグループワークなどのアクティブラーニングを取り入れた授業を展開することが求められるようになっている。したがって，ある程度のゆとりをもって講義が進められるように，テキストで取り扱う内容は基本かつ重要事項に限定している。厳密な説明あるいは発展的な内容は，宿

題を課すなどして随時補うのが望ましいと考えている。

　なお，本書がこうして上梓できたのは，恩師に加えて多くの学兄からの貴重な助言や指導があってのことであることを記しておきたい。特に，経済開発論という学問にいざなって頂いた加藤義喜先生（日本大学名誉教授）からは多大な学恩を受けている。長谷川啓之先生（日本大学名誉教授）からは開発問題の真髄について惜しみなくご指導を頂いた。両先生に加えて，多忙の中，草稿のすべてに目を通して建設的なコメントを寄せて頂いた多くの先生方にも感謝の意を表したい。特に，上原秀樹先生（明星大学教授）には詳細かつ有益な助言を頂くとともに，関連図書の提供も受けた。岩崎輝行先生（元日本大学教授）からも的を射た有益な助言を頂いた。この場をお借りして，これらの先生方に心からお礼申し上げたい。ただし，本書の内容に関する一切の責任は筆者にあることはいうまでもないことである。

　最後に，執筆の機会を与えて頂いた創成社の西田徹氏のご厚意にもお礼申し上げたい。

2015年3月

辻　忠博

目　次

はじめに

第 1 章　開発問題へのアプローチ ———— 1
　第1節　発展途上国の特徴 …………………………………… 1
　第2節　開発問題を扱う学問の特性 ………………………… 5
　第3節　開発とは何か ………………………………………… 8

第 2 章　発展途上国とは何か ———— 11
　第1節　発展途上国の定義 …………………………………… 11
　第2節　発展途上国の共通点 ………………………………… 14
　第3節　発展途上国間の相違点 ……………………………… 17

第 3 章　開発問題の歴史的展開―南北問題の発生― ———— 21
　第1節　植民地支配とその意味 ……………………………… 21
　第2節　戦後直後の開発問題 ………………………………… 26
　第3節　南北問題と第三世界の連帯 ………………………… 30

第 4 章　開発問題の歴史的展開
　　　　　―第三世界の結束と南北問題の展開― ———— 35
　第1節　第三世界の結束と UNCTAD の設立 ……………… 35
　第2節　プレビッシュ報告と UNCTAD 総会 ……………… 38
　第3節　南北問題の展開における UNCTAD の役割 ……… 41

第 5 章 開発問題の歴史的展開
―南北問題の変容と新興国の台頭― ―――― 48
第 1 節 新興工業国の登場と南北問題の変容……………48
第 2 節 東西冷戦の終結と開発問題への新たなとり組み………52
第 3 節 新興国の勃興……………57

第 6 章 開発問題への理論的アプローチ
―初期の理論的枠組みからの展開過程― ―――― 61
第 1 節 初期の開発理論……………61
第 2 節 構造論的アプローチ……………65
第 3 節 新自由主義アプローチ……………69

第 7 章 開発問題への理論的アプローチ
―市場メカニズムか,政府の役割か― ―――― 74
第 1 節 東アジアの奇跡とその原動力……………74
第 2 節 ソーシャル・キャピタル(social capital)論………80

第 8 章 経済発展と人口問題 ―――― 85
第 1 節 世界の人口規模とその趨勢……………85
第 2 節 人口急増のメカニズムと意味……………88
第 3 節 人口政策の在り方……………94

第 9 章 経済発展と都市問題 ―――― 97
第 1 節 都市化と都市の実態……………97
第 2 節 都市化の原因……………104
第 3 節 都市政策の在り方……………108

第 10 章 経済発展と農村問題 ―――― 111
第 1 節 農村と農業の実態……………111

第2節　農村における貧困の原因·····················113
　　　第3節　農村政策の在り方·····························118

第11章　経済発展と国際貿易 ———— 123
　　　第1節　発展途上国と国際貿易との関わり·········123
　　　第2節　国際貿易と経済発展との関係·················128
　　　第3節　経済発展のための貿易戦略·····················130

第12章　経済発展と経済統合 ———— 137
　　　第1節　経済統合とは······································137
　　　第2節　経済統合の根拠···································142
　　　第3節　経済発展のための経済統合·····················145

第13章　経済発展と債務・通貨危機 ———— 148
　　　第1節　経済活動と国際収支·····························148
　　　第2節　累積債務問題と構造調整政策·················150
　　　第3節　アジア通貨危機と構造調整政策···············159
　　　第4節　債務危機と通貨危機への対応の比較分析···163

第14章　経済発展と開発援助 ———— 165
　　　第1節　開発援助とは······································165
　　　第2節　開発援助の動機と課題·························171
　　　第3節　日本の開発援助···································175

索　引　181

第1章
開発問題へのアプローチ

第1節　発展途上国の特徴

▎先進国の暮らし

　発展途上国とはどのような国であろうか。それについて学ぶ初学者にとって，発展途上国の暮らしをイメージすることはきわめて難しいことであろう。そこで，まず先進国の暮らしについて考えよう。先進国とは何かという問いに対して，どのようなことが頭の中に思い浮かぶであろうか。おそらく，近代的な高層ビル，張り巡らされた高速道路・鉄道網，金持ち，飽食，便利，安全など生活の豊かさという側面が容易に指摘されることであろう。

　次に，先進国は世界のどこにあるのだろうか。欧米先進国とよく言われるように，ヨーロッパと北米に先進国がある。そして，日本も先進国である。さらにオーストラリアとニュージーランドも先進国である。先進国は地球の北半球のみならず，南半球にも分布している。

　これらの諸国は豊かである。具体的にどういう意味で豊かなのであろうか。表1-1に示されているように，先進国は所得水準と物質的側面でも，教育や衛生などの社会的側面でも，中所得国と低所得国と比較して圧倒的に水準が高いといえる。先進国が豊かであると認識される理由はまさにここにあるといえる。

表1-1 先進国と発展途上国の経済・社会指標(2011年)

1人当たりGNI(国民総所得)(2011年購買力平価による)	高所得国:US$38,523(日本:US$35,330) 中所得国:US$10,703(上位中所得国), 　　　　　US$3,837(下位中所得国) 低所得国:US$1,378
世界の国富に占める割合(対世界GNI比)(2011年購買力平価による)(%)	高所得国:54 中所得国:33(上位中所得国), 12(下位中所得国) 低所得国:1
就学率(初等教育, 中等教育, 高等教育)(%)	高所得国:103, 102, 72 中所得国:111, 85, 35(上位中所得国), 　　　　　104, 61, 19(下位中所得国) 低所得国:105, 42, 7
初等教育終了率(%)(対年齢層比)	高所得国:100 中所得国:94 低所得国:68
青年(15歳から24歳)識字率(%)	高所得国:100 中所得国:99(上位中所得国), 84(下位中所得国) 低所得国:74
人口増加率(%)	高所得国:0.6 中所得国:0.7(上位中所得国), 1.6(下位中所得国) 低所得国:2.2
従属人口負荷(対生産年齢人口比)(%)	高所得国:50 中所得国:43(上位中所得国), 59(下位中所得国) 低所得国:76
農村人口(対全人口比)(%)	高所得国:19 中所得国:39(上位中所得国), 61(下位中所得国) 低所得国:72
平均余命(歳)	高所得国:80 中所得国:73(上位中所得国), 66(下位中所得国) 低所得国:59
栄養失調にある乳幼児(5歳未満)の割合(対5歳以下の人口比)(%)	高所得国:2 中所得国:3(上位中所得国), 24(下位中所得国) 低所得国:23
5歳以下死亡率(1,000人当たり)(人)	高所得国:6(日本:3) 中所得国:20(上位中所得国), 62(下位中所得国) 低所得国:95
妊婦死亡率(10万人の出生当たり)(人)	高所得国:14(日本:5) 中所得国:62(上位中所得国), 260(下位中所得国) 低所得国:410
水, 衛生施設へのアクセス率(対全人口比)(%)	高所得国:100, 100 中所得国:93, 73(上位中所得国), 　　　　　87, 47(下位中所得国) 低所得国:65, 37

発展途上国の暮らし

　では，本題である発展途上国とはどのような諸国であろうか。おそらく馴染みがないというのが初学者の率直な感想かもしれない。あるいは，アフリカとか，内戦とか，漠然と貧しいとか，自分とは縁のない世界というイメージを抱いているのではないだろうか。

　次に，発展途上国は世界のどこに分布しているのであろうか。まず簡単に考えるために，世界には先進国と発展途上国の2種類の国しかないと想定してみよう。そうすると，先進国が分布するヨーロッパと北米，日本，オセアニア以外は，程度の差はあれ発展途上国として一括して捉えることができる。すなわち，世界の広範囲に発展途上国は広がっているということがわかるであろう。

　したがって，発展途上国の数，そして，その人口はきわめて大きい。それを示したものが表1-2である。世界の諸国数は定義の仕方で違いがあるが，ここでは便宜上，国際連合加盟国数で考えている。同じく，先進国数も定義によって変わる。ここでは，かつて「先進国クラブ」と呼ばれた経済協力開発機構（OECD）加盟国を先進国の集まりとみなし，そこから近年の新規加盟国を除いた諸国を「伝統的な」先進国と定義している。それに基づいて，発展途上国数を割り出すと，国の数でも，人口規模でも，発展途上国が圧倒的多数を占めるのである。

表1-2　発展途上国の数と人口（2014年）

国の数	170カ国（193カ国（国連加盟国数）-23カ国（先進国＊））
人　口	約60億人（約70億人（世界人口）-約10億人（先進国＊））

＊ここでは現在のOECD加盟国（34カ国）から1995年以降の加盟国およびメキシコとトルコを除いた諸国を先進国としている。

　世界の大部分を占める発展途上国の特徴は，その生活水準が先進国と比較して相当低いことである（表1-1を参照のこと）。所得水準や栄養状態，衛生状態などどの指標をとってみても，先進国に優るものはない。義務教育である初等教育ですら，生徒は必ず卒業できるとは限らないのである。ひと言でいうと，

「貧困」が発展途上国の状態を的確にあらわす表現ということができよう。

▌発展途上国について学ぶ意義

なぜ我々は発展途上国について学ぶ必要があるのであろうか。それにはいくつかの理由が考えられる。

第1に，発展途上国は国の数の点でも，人口の点でも，世界の大部分を占めるからである。ともすれば，先進国に居住している者は自分たちが世界の中心であると考える傾向にあるかもしれない。確かに，表1－1に示されているように，先進国が生み出す国富は世界の半分以上であることからすればそのようにいえる。しかし，先進国は国の数で全体の12％，人口規模で世界の14％に過ぎず，世界的視野からすると先進国は少数派なのである。

第2に，発展途上国は先進国と比較して相当な程度貧しいということである。1人当たりGNI（国民総所得）で比較すると，先進国と低所得国との間には約28倍の格差，中所得国との間でも依然として5倍以上の格差がある。先進国内にも所得格差はあるが，各国政府はさまざまな社会保障政策を行っている。それと同じように，国際間の経済格差に対して何らかの対策が必要である。こうした事態を野放図にしておくことは人道上，望ましくないといえる。

第3に，先進国の市場には発展途上国で生産されたさまざまな商品で満ちあふれているということも決して忘れてはならない。我々が普段何気なく消費している衣類や日用雑貨，家電製品のきわめて多くが発展途上国で作られている。また，我々が毎日食べている食料も発展途上国から輸入している。それは，冷凍食品にとどまらず，野菜や果物などの生鮮食料品にも及んでいる。さらに，先進国は原油や鉱石，穀物などの一次産品も発展途上国から輸入している。

このように先進国に居住する者の生活は，発展途上国との経済的な関係なくして成り立たないのが現状である。経済活動のグローバル化は，先進国での暮らしと発展途上国での経済的な営みとを密接につなぎ合わせている。しかも，先進国は多数の発展途上国に取り囲まれるようにして存在しているということがいえる。したがって，発展途上国で何らかの問題が発生すると，先進国での

暮らしにも少なからず影響が及ぶと想像することができるのではないだろうか。その意味で，発展途上国が抱える問題は他人事と割り切ることは決して適切ではない。むしろ，発展途上国の人々のみの問題ではなく，先進国の人々も含む，全人類共通の関心事というべきものである。開発問題について我々が学ぶ意義はここにある。

第2節　開発問題を扱う学問の特性

これまで学んできた経済学の常識と非常識

　我々が広く経済学を学ぶ上での基本は伝統的経済学，すなわち新古典派経済学であろう。これには二大原則という重要な考え方が秘められている。すなわち，①希少性原理と②欲求の非飽和性である。経済活動を担うのは生産者と消費者の2つの経済主体である。希少性の原理は，そのうち生産者に関わる原理である。すなわち，生産者が商品を生産する場合，生産要素と原料を投入することになるが，それらは無限に存在するのではなく，数に限りがあるということである。次に，欲求の非飽和性は，消費者に関わる原理である。それは，消費者の商品に対する欲求は無限大であるということである。したがって，生産者は有限の投入物を使用して生産活動を行い，消費者の無限大の欲求に応えようとする。これを実現するには，希少な投入物を無駄にすることはできないので，ここに経済合理性を追求するという考え方が生まれる。要するに，新古典派経済学では，最小の費用で最大限の利潤を上げるにはどのようにすればよいかということに大きな関心がある。

　ただし，上記の原理が成立するには，いくつかの前提条件が満たされている必要がある。その主なものは，①完全市場（完全情報），②消費者主権，③価格の自動調整，④唯物論的，個人主義的志向である。すなわち，新古典派経済学では，生産者も消費者も価格をシグナルとして経済活動を行う。そのためには，経済主体はどこにどのような需要が存在し，どこにどれだけ供給すればよいかを即座に判断するためのあらゆる情報を容易に入手できることが担保されていなければならない（完全市場）。その結果として，各生産物市場で需要と供

給がバランスして均衡価格が決定され，取引が過不足なく成立することになる（価格の自動調整）。

　さらに，価格は需要と供給の相互作用によって達成されるのがベストな状態であり，それ以外の主体が価格に影響を及ぼすことはあってはならないというのが原則である（消費者主権）。また，経済主体は他を顧みることなく，生産者は利潤最大化，消費者は効用最大化を追求し続けるという唯物論的かつ個人主義的志向を堅持するとしている。これらの原理と前提条件がそろって初めて新古典派経済学が成り立つのである。

　では，本書が対象とする発展途上国はこうした原理や前提条件がそろっているのであろうか。このことについて考えることはきわめて重要である。というのは，もし上記の原理や前提が発展途上国に適用できないのであれば，新古典派経済学の枠組みそのものを発展途上国経済の分析に当てはめることは，大きな問題であることを意味するからである。また，もし当てはめることが適切ではないとするならば，新たな分析枠組みを提示しなければならないからである。

　まず，完全情報についてはどうか。発展途上国では，消費者や生産者が入手できる情報は限られている。それは，情報を得るためのインフラストラクチャーが整備されていないことに加えて，情報の統制が行われていることもよくあるからである。したがって，発展途上国では，市場は不完全にしか機能しないと見るのが妥当である。さらに，経済発展の程度がきわめて低い段階では，開発政策が推進されることにより，経済構造や社会構造が常に大きく変化することが考えられ，不均衡な状態があちこちで存在する状況になる。つまり，発展途上国の経済発展の過程では，個人よりも社会の利益追求の方に優先度が与えられることがしばしばある。このことは政府が市場に介入することを通じて価格調整機能をゆがめることも場合によってはあるということにつながる。

　そういう意味で，発展途上国では新古典派経済学が暗黙のうちに前提とする原理や前提がそのまま成立するわけではない。そこに，発展途上国経済を専門に分析する理論的枠組みが必要な理由が見出される。それが，経済開発論と

か，開発経済論とか呼ばれる学問分野である。こうした学問分野では，希少資源の配分や消費者の欲求の充足に対して影響を及ぼす社会的，制度的，政治的な過程がより重視されなければならない。また，経済構造の転換や政策策定の過程で政府の役割が無視されてはならない。したがって，発展途上国について的確に理解するためには，学際的アプローチがとられることが望ましいといえるのである。

価値の重要性

　上記では，先進国において経済活動が営まれるにあたって前提とされる原理や前提が，発展途上国には成立していない可能性があることを指摘した。そのことは，我々が普段何気なく行っている価値判断にも及ぶことに注意しなければならない。

　経済学は人間を研究対象とした学問である。先進国の間では，民主主義や人権，環境意識など共通認識が得られている部分が多いとはいえ，ある程度の見解の隔たりがないともいえない。先進国とは大きく異なる状況下にある発展途上国では，先進国との間には大きな隔たりがあると考える方が適切であろう。そうすると，経済合理性や原則を考える際も，何が普遍的な真理であるのか統一的見解を見出すことは難しい。

　すなわち，人間はその生い立ちを取り巻く社会的，政治的，経済的環境が千差万別であると，何が望ましく，何が望ましくないかの価値判断にも大きな違いが生まれてくる。そのことは，我々にとって常識であるという判断はあくまでも「主観的」なものであり，「客観的」なものではないということである。したがって，開発問題を論じる際に，我々が前提とする価値判断がそのまま発展途上国に適用可能であると想定するのは拙速であるといわざるを得ない。この点に留意しない論調はむしろ開発問題を解決するどころか，場合によっては悪化させることにもつながりかねない。そのことが，学際的アプローチが開発問題に求められる理由でもある。

第3節　開発とは何か

開発の一般的定義

　発展途上国が抱える開発問題に対処するために，経済開発に関する学問はいかなる解答を導かなければならないのであろうか。それは，ひと言でいうと，発展途上国を「開発」することであるといえる。しかし，そもそも「開発」とは，どのような意味であろうか。

　開発という用語はさまざまに定義されている。一般的には，経済構造の転換を通じて経済的に豊かになることとか，経済の初期条件が長期にわたって変化しない状態から高い水準の経済成長が始動し，それが維持される状態とかいうように認識されている。高い経済成長ということもさまざまに解釈できるが，少なくとも年率7％の実質経済成長を例えば10年間，維持し続け，その間に経済構造が農業中心の経済から工業中心の経済に転換していくようなものである。これによって，発展途上国の経済規模が飛躍的に拡大し，経済構造の転換が推進されることになる。

　経済開発の実績を示す指標としてよく使用されるのは，すでに表1-1で示した1人当たりGNIや産業構造，就労構造の構成比などである。1960年代には，経済開発は工業化と同一視された。つまり，工業化一辺倒の開発思想が当時は当然のことと考えられていた。現在では，こうした単純な思想は退けられてはいるものの，依然として我々の潜在意識の中にはびこっていることは間違いない。

　しかし，開発＝工業化の思想の下で推進された工業化政策により，多くの発展途上国ではそれなりに経済成長が実現したとされる。とはいうものの，それによって，発展途上国の貧困問題が解消されるにはほど遠かった。そこで，1970年代に入ると，「成長からの再分配」というスローガンを掲げて，開発の概念が再定義されるようになった。その結果，経済発展を通じて新規雇用を創出することによって失業問題を解決し，所得分配の不平等を是正することにつなげ，貧困問題を解決することの重要性が認識されるようになった。

多元的な過程である開発の概念

　その後も，開発とはそもそもいかなる概念かということについてさまざまに議論されている。例えば，セン（A. Sen）は，経済成長はそれ自体が目的というわけではないと述べている。つまり，問題とすべきは，何をもっているかということではなく，自分が何者であり，何者になることができるか，何ができ，何ができないかということであるとしている。きわめて哲学的な概念であるが，これは本質を突いた見解であるといえよう。センは，開発とは選択することができるようになること，とも述べている。すなわち，先進国に居住している我々は，毎日無意識のうちにさまざまな選択をしている。昼食や夕食には何を食べようか，どのような服を着て外出しようか，あるいは，今日は朝食は食べないでおこうという選択までできる。つまり，選ぶことができるということは豊かであることの裏返しということである。人々は貧しいと選びたくても選ぶことができないのである。

　開発問題で著名な経済学者であるトダロ（M. Todaro）は，開発とは次の3つの概念を含むものであると論じている。すなわち，①生活の糧の確保，②自尊心の回復，③隷属状態からの解放である。第1の要素である生活の糧の確保については容易に受け入れられるであろう。これはいわば物質的な豊かさを示すものであるからである。ただし，トダロはそれに加えて，安全の確保もこれに付け加えている。しかし，次の2つについては理解しがたい概念であるといえる。第2の要素は自尊心の回復である。これは発展途上国の人々は他人の利益追求のための道具ではないということである。植民地支配下にあった当時は，まさに現地の人々は植民地政庁からの命令に対して有無もいわずに従わざるを得ず，また，労働に対する正当な対価を得ることも許されなかった。まさに自尊心を傷つけられていたのである。経済活動を営むのは，自らの利益追求が動機であり，自らの国の発展は自らの手で行う，これが本来の姿であるとトダロは考えている。

　第3の要素である隷属状態からの解放とは，人々に制約を与えてきた制度や教条主義，無知から，人々を解放することである。いかに多くの人々が合理的な世の中の枠外に暮らしていることであろうか。未だに宗教的な呪縛に捕らわ

れている人々が多い。また，そうした束縛から逃れることができることすら知らない者も多い。これらは無知に基づくものでもある。このように，トダロはこれらの3つの指標が改善することが開発の達成にとってきわめて重要であると認識しているのである。

　ここでの論点は，開発に関するトダロやセンの考え方を受け入れることを勧めることではない。むしろ開発とは，活発な経済活動を通じた物質的な豊かさの実現や所得格差の緩和や貧困人口が減少するというような唯物論的な観点のみで片付くものではないことに留意することである。所得水準の向上は重要であるが，それに加えて，開発は社会的，制度的な変革も含む多元的な過程であるということである。その意味で，発展途上国の開発問題を，経済的側面を中心に捉えるとしても，そこだけに焦点を当てるのでは不十分であり，全体を俯瞰することもきわめて重要であることを強調しておきたい。

第2章
発展途上国とは何か

第1節　発展途上国の定義

1人当たりGNIによる分類

　発展途上国はどのように定義されるのか。第1章では，先進国との違いをはっきりさせるため，世界の諸国は先進国と発展途上国の2種類しかないと大ざっぱに捉え，発展途上国が多数を占めることを強調した。しかし，本章では，発展途上国についてより正確な定義づけをしたい。ただし，その定義には幅があり，「発展途上国はこれである」という唯一無二の定義が存在するわけではない。

　そこで，まずは一般的に用いられている定義から紹介しよう。それが，1人当たりGNIによる分類である。ここでは，世界銀行（正式には国際復興開発銀行）の分類を用いて説明する。表2－1に示されているように，世界銀行は，1人当たり所得水準に応じて，世界の諸国（正確には世界銀行の加盟国188カ国と人口3万人以上の諸国を合わせた214カ国および経済）を高所得国，中所得国，低所得国に3分類し，さらに，中所得国を上位中所得国と下位中所得国に分けている。すなわち，世界の諸国を5分類している。分類の基準は表2－1に示されているが，この基準は固定のものではなく，物価水準の変化に応じて，変動する。また，各国はプラスであれマイナスであれ，常に経済成長しているため，それぞれの所得階層に分類される国の数も時期により変化する。

表2-1　1人当たりGNIによる世界の諸国の分類（2011年）

低所得国（$1,025 以下）	36カ国
下位中所得国（$1,026 − $4,035）	54カ国
上位中所得国（$4,036 − $12,475）	54カ国
高所得国（$12,476 以上）	70カ国

（出所）世界銀行データベースより作成。

　ところで，第1章では先進国数を23カ国と特定していた。しかし，表2-1によると，先進国は高所得国に含まれることになり，そうすると，高所得国の数は70カ国に上ることになる。その理由は，高所得国にはOECD加盟国ではないが，1人当たりGNIが先進国並みに高水準の諸国が分類されているからである。そうした諸国・経済には，香港，台湾のようなかつてアジアNIEs（新興工業経済群）と呼ばれた地域，クウェートやサウジアラビア，アラブ首長国連邦のような産油国がある。では，なぜこれらの諸国や経済は先進国と呼ばれないのか。それにはさまざまな事情が考えられるが，1つの理由は開発という概念をいかに定義するのかということに関わりがある。すなわち，単に1人当たり所得水準という物質的な尺度だけで真の豊かさを測定することが適切であるかどうかということである。

人間開発指数による分類

　そこで，物質的な尺度のみに基づく分類の限界を乗り越えるために，国連開発計画（UNDP）は開発の質的側面も含めた総合的な指標の開発を試みた。それが人間開発指数（Human Development Index, HDI）と呼ばれるものである。UNDPは所得水準と寿命，教育が諸国の開発の程度を測定する最も基本的な指標であるとみなし，1人当たりGNI，平均余命，予想教育期間の3つの尺度をそれぞれ指数化して，総合的な指標である人間開発指数を生み出した。この指数は0から1の間の値をとり，開発の程度が最も低い場合は0，逆に最も高い場合は1となる。その結果が表2-2に示されている。それによると，日本を含めた上位10カ国は0.9台の値を記録しており，きわめて高水準の開発を達成して

いるといえる。すなわち，平均余命は80歳前後という高い水準であり，また，先進国の人々は平均的に高等教育まで進学して高度な教育を受けることができる。もちろん，1人当たり所得水準もきわめて高い。つまり，これらの諸国では，量的にも，質的にもきわめて高い水準の開発を達成しているということができる。それが先進国なのである。

　一方で，下位5カ国をみると，HDIは0.3台でしかなく，大きな経済格差が生まれていることがわかる。平均余命はせいぜい50歳である。教育については先進国の10分の1であり，これでは義務教育すら十分に受けることができない。所得水準もきわめて低い。要するに，すべての面でこれらの諸国は相対的に劣っているということができるのである。このように，一方ですべての面

表2－2　人間開発指数による上位および下位5カ国（2012年）

国　名	平均余命（年齢）	予想教育期間（年）	1人当たりGNI（2005年価格PPP）（ドル）	人間開発指数（HDI）
ノルウェー	81.3	12.6	48,688	0.955
オーストラリア	82.0	12.0	34,340	0.938
アメリカ	78.7	13.3	43,480	0.937
オランダ	80.8	11.6	37,282	0.921
ドイツ	80.6	12.2	35,431	0.920
日本（10位）	83.6	11.6	32,454	0.912
ブルキナファソ	55.9	1.3	1,202	0.343
チャド	49.9	1.5	1,258	0.340
モザンビーク	50.7	1.2	906	0.327
ニジェール	55.1	1.4	701	0.304
コンゴ民主共和国（旧ザイール）	48.7	3.5	319	0.304
HDI最上位平均	―	―	―	0.905
HDI中位平均	―	―	―	0.640
HDI下位平均	―	―	―	0.466

で優れた諸国と，他方ですべての面で劣った諸国とが地球の北側と南側に同時に存在しているのである。量的側面だけでなく，質的側面も取り入れて総合的な指標であるHDIを開発したことによって，世界規模での経済格差の実態をより多面的に浮き彫りにすることができる。

第2節　発展途上国の共通点

　発展途上国数は少なく見積もって144カ国（低所得国および中所得国），多く見積もって170カ国（表1-2による見積もり）ということがいえよう。もちろん国の数については，定義の仕方によって他の見解もあり得る。しかし，あまり詳細に特定したところで，発展途上国数は固定的なものではないため，せいぜい上記のような把握でよいだろう。

　それにしても，世界の大多数の国が発展途上国に分類されるのが現状である。これらの国は同じ範疇に分類されるわけであり，それなりの共通点があるはずである。それについて，本節では，所得，人口，教育，保健衛生，貧困という点から捉えていこう（表1-1を参照）。

▍所　得

　第1の共通点は，発展途上国の1人当たりGNIの水準が低いということである。表1-1に示されているように，発展途上国内でも所得格差が存在している。特に上位中所得国の1人当たりGNIについては1万ドルを超えており，さらなる経済発展により高所得国へ到達する可能性もあると考えられる程度といえる。しかし，一方で，下位中所得国は4,000ドルに満たない水準であり，高所得国との所得格差は10倍以上に達する。所得の相対的な低さという点では，低所得国と下位中所得国において特に顕著な共通点がある。

▍教　育

　次に，発展途上国では教育が十分に受けられないという共通点がある。表1-1に示されているように，初等教育就学率はどの所得階層にあっても100％

を達成している。しかし、教育水準が上がるにつれて進学率に格差が目立つようになる。特に、高等教育については上位中所得国でさえ、誰でも進学できるというわけではない。

さらに、初等教育が100％というのも見かけ上の数値に過ぎない。同じく表1－1には、初等教育終了率が示されている。これは、初等教育の最終学年に進級する生徒数の理論上の値に対する実際に進級した生徒の割合で示されている。それによると、低所得国では3分の1の生徒が最終学年まで到達していないことがわかる。それは必ずしも学力が足りないために進級できないのではなく、学費を親が賄うことができないという理由によるところが大きい。

このことは、青年識字率の実績に如実に表れる。表1－1に示されているように、所得水準が低くなるほど、識字率が低下している。教育をしっかりと受けることができるかどうかが人々の識字能力にはっきりと反映されているといえる。

人　口

人口増加率が先進国に比べて高いことも発展途上国に共通する特徴である。特に低所得国と下位中所得国においてその割合が相対的に高い。例えば2％の人口増加率が35年間維持されると、その国の人口は倍増するという計算になる。したがって、低所得国の2.2％という水準はきわめて高い水準である。

人口増加率が高いことは従属人口負荷にも現れる。従属人口負荷とは、生産年齢人口（15歳以上、65歳未満の人口）に対する従属人口（14歳までと65歳以上の人口）の割合である。つまり、労働力ではない若年層と高齢者層を養うことになる労働者層の扶養負担の程度を表すものである。負担であるので、この値は小さい方が望ましい。しかし、この指標も低所得国と下位中所得国が先進国よりも高い。貧しい国の方がより大きな負担を余儀なくされているのである。

人口に関するもう1つの特徴は、農村人口の大きさである。低所得国と下位中所得国では全人口の半分以上が農村に居住している。農村の主要産業は農業であるが、果たして途上国の農業が大きな人口を養うことができるのであろうか（この点は第10章で詳述する）。ここに、発展途上国の貧困の原因の1つが隠さ

れている。

▌保健衛生

　発展途上国には平均余命が短いという共通点がある。医療援助などを通じて状況は改善してきているとはいえ，依然として先進国と比較して大きな格差が存在している。特に低所得国と下位中所得国において，栄養失調状態にある5歳未満の乳幼児，5歳以下の乳幼児の死亡率，妊婦死亡率に関する指標が際だって悪い。

　死亡や疾病は住環境の衛生状態とも密接に関わっている。すなわち，水や衛生施設に対するアクセスが確保されているかどうかは重要な問題である。水に対するアクセスとは，水道管や管理された井戸などから適度な量の水の供給を絶えず受けることができるかどうかである。衛生施設に対するアクセスとは，トイレの施設ないし下水道と連結している水洗トイレ施設があるかどうかである。表1－1によると，特に低所得国と下位中所得国において衛生施設に対するアクセスの割合が低いことが目立つ。これは単に不衛生であるというだけでなく，伝染病あるいは寄生虫による病気の蔓延につながる。世界銀行によると（World Bank（1992）World development Report 1992, p.49），毎年300万人以上が下痢で命を落とし，10億人以上が寄生虫病に罹患しているという。

▌貧　困

　要するに，発展途上国に共通する特徴はひと言で表すと貧困ということにつきる。量的にも，質的にも発展途上国の開発実績は先進国と比較して極端に劣っている。特に低所得国と下位中所得国においてはそれが顕著である。中でも，きわめて貧しい状態は，「極度の貧困（Extreme Poverty）」として注目され，1日1.25ドル（2005年価格購買力平価）未満での生活を余儀なくされている状態と定義されている。低所得国と中所得国全体でみると，過去20年ほどの間に世界で極度の貧困状況にある人々の割合は半減している。それは，特に東アジアで顕著である。これは中国における貧困緩和が急速に進んだことによるところが大きい。サブサハラアフリカでもその割合は縮小しているが，そのスピー

ドは東アジアと比較してかなり遅い。

　しかし，貧困の基準を2ドルに引き上げると，依然として低所得国と中所得国の全人口の4割が貧困層である。東アジアでさえ人口の3分の1は貧困層となる。サブサハラアフリカではその割合は7割に達する。したがって，貧困とは依然として発展途上国が抱える共通の問題として決して無視できない。

第3節　発展途上国間の相違点

▎国の規模

　100カ国以上に上る発展途上国には貧困という共通点があることがわかった。しかし，これだけ多くの国に相違点がないと考えることはあまりにも無理がある。むしろ，貧困という要素を共有しながらも，何らかの相違点も同時に存在していると考える方が普通である。そこで，本節では，発展途上国間の相違点に注目し，経済指標や政治体制の観点から違いを浮き彫りにしよう。

　第1に，国の規模に関する相違点である。国の規模にはさまざまな切り口が考えられるがここでは，面積と人口の2つの側面からみていく。まず，面積についてみると，発展途上国の中には国土面積が広大な国もあれば，狭小な都市国家とでもいうべき国も存在する。前者では，中国（960万km^2）やブラジル（851万km^2）が代表的である。一方，後者の例ではドミニカ（800km^2）やモーリシャス（2,000km^2）がある。双方の間には数千倍から1万倍に及ぶ大きな違いがあるが，いずれも国連に加盟している独立国であり，かつ，発展途上国である。ちなみに，日本の国土面積は38万km^{2}である。

　次に，人口においても大きな違いがあることは明らかであろう。巨大人口を抱える国として中国（13億人）とインド（12億人）がある。一方で，ボツワナ（200万人）やエリトリア（540万人）の人口は，中国やインドの一地方都市の人口規模に過ぎない。

▎資源の賦存状況

　資源の賦存状況にも発展途上国間で違いが大きい。天然資源は地球上にきわ

めて偏って存在しており，その多くが発展途上国に賦存している。原油についてはサウジアラビアやクウェート，アラブ首長国連邦などのペルシャ湾岸の諸国が以前から有名であるし，ナイジェリアやアンゴラも有力な産油国である。また，銅鉱石はザンビア，ダイヤモンドはボツワナ，鉄鉱石や石炭はブラジルなどに多く存在している。さらに，広大な国土をもつ中国は原油や石炭など多くの鉱物を産出するにもかかわらず，それらの輸入国である。また，中国はハイテク製品には必需品とされるレアアースやレアメタルも産出する。東南アジア諸国は森林資源の宝庫でもある。

一方で，1960年代から70年代にかけて中所得国に分類されていた韓国，台湾，香港，シンガポールでは，天然資源などまったく産出しなかったが，有能な人的資源が相対的に豊富であった。教育水準が高く，勤勉で，規律があり，しかも，労賃が安い労働者が存在したことが，これらの地域で工業化を推進していくための武器となった。

産業構造

発展途上国は農業国であるという認識は，発展途上国の産業構造に関する偏見である。むしろ第2次大戦後，開発援助が始まり，工業化が推進されることによって，発展途上国経済に対する農業の重要性は逓減傾向にある（図2-1を参照）。

もっとも，傾向としては農業の重要性が減じていくものの，その水準には発展途上国の中でも相違がある。農業のウェイトが相対的に高いのは低所得国であり，相対的に低いのは上位中所得国であり，下位中所得国はその間に位置している。経済成長が比較的に旺盛な諸国が集まっている東アジアやラテンアメリカ，中東・北アフリカでは特に1990年以降，上位中所得国と類似した傾向を示している。インドが属する南アジアでは下位中所得国の推移ときわめて近い動きを示している。

これに対して，発展途上国では工業化が推進されてきているが，GDP全体に対する農業の比重の明確な逓減傾向のように，GDP全体に対する製造業の比重の一様な逓増現象は低所得国，下位中所得国，上位中所得国の間で見て取ることはできない。しかし，地域別には顕著な変化がある。東アジアでは，

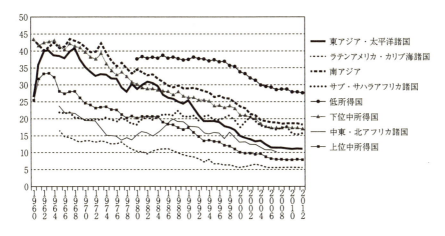

図2-1 産業構造の転換―逓減する農業の比重―（対GDP比，%）
(出所) 世界銀行データベースより作成．

1960年代末から1980年にかけて急激な製造業の比重の上昇がみられる．これはアジアNIEsの高度経済成長が反映されていることが予想できる．ラテンアメリカでは，1980年代半ば以降，製造業の比重が急落している．特に現在においてもラテンアメリカで製造業の比重が継続して低下する背景には，一次産品価格の上昇を受けて，天然資源や農産物の輸出に力を入れてきたラテンアメリカの戦略が反映されていると思われる．

政治体制

発展途上国の政治体制も同じではない．アジアでは，インドが1947年の独立以来，議会制民主主義を貫き，1952年には第1回の国政選挙を実施している．さらに，選挙による政権交代も行われており，これまでに国民会議派，連立政党，BJP（インド人民党）による政権がそれぞれ誕生している．一方で，ミャンマーでは，ビルマ式社会主義を掲げたが，これは本来の社会主義とは相容れるものではなく，異端とされるものであった．むしろ，ミャンマーは2011年にテイン・セインが大統領に就任するまでは事実上の軍事国家であっ

た。今では複数政党制が認められてはいるが，それは必ずしも定着しているとはいえず，政治体制はきわめて脆弱である。

　アフリカでもかつては多くの諸国が全体主義国家であった。1990年代以降，アフリカ諸国は複数政党制に移行したとされるが，民主主義が定着している国家はケニアなど数少ない。政情が不安定な諸国も存在し，2011年に独立を果たした南スーダンでは，依然として民族対立や宗教対立が収まらず，国連平和維持軍が展開している。2013年には中央アフリカ共和国でも政情不安が勃発し，フランス軍が部隊を派遣している。

　ラテンアメリカでも1970年代にはチリやエクアドルなど軍事・独裁政権が普通であった。一方で，一度も軍事クーデターを経験したことがないメキシコなどもある。その後，軍事政権は民政移管し，ラテンアメリカ諸国では民主主義が定着してきている。

　このように，発展途上国は独立以来しばらくの間はきわめて多様な政治体制を採用していた。今や複数政党制が一般的になっているが，実際に民主主義が機能しているかどうかは別問題である。

歴　史

　発展途上国の歴史もかなり異なる。現在の発展途上国の多くがかつては植民地支配下にあった。アジア，アフリカ，ラテンアメリカの中で最も早く植民地支配下に入ったのはアフリカである。そして，最後まで植民地支配が継続したのもアフリカであった。

　大航海時代の到来は，南米大陸へのヨーロッパ人の渡来を促すこととなった。15世紀から16世紀にかけて，ポルトガルとスペインが南米大陸の植民地支配を急展開させた。しかし，19世紀にはほとんどの植民地が独立を果たした。

　アジアの植民地支配はオランダやイギリスの東インド会社が17世紀から18世紀にかけて，アジアに拠点を築いたことに始まっている。その後，イギリスやフランスなどヨーロッパ諸国が勢力を拡大し，19世紀半ば以降，本格的な植民地化が展開した。しかし，1940年代末までに，アジアのほとんどの植民地は独立を果たし，残った地域も1950年代には相次いで独立した。

第3章
開発問題の歴史的展開
―南北問題の発生―

第1節　植民地支配とその意味

▍植民地支配と独立の経緯

　現在の発展途上国の多くはかつて植民地支配の影響を受けた。このことは独立後の経済発展の行方に少なからず影響を及ぼしている。そこで，本節では，発展途上国における植民地支配の軌跡について概観する。

　植民地支配は15世紀の大航海時代の到来と密接な関係にある。ヨーロッパ諸国の中でいち早く大西洋に打って出るのがポルトガルとスペインであった。アジアへの新航路を探検するために航海に出たコロンブスがカリブ海のサンサルバドル島に到達したのは1442年であった。これが俗にいうアメリカ大陸の発見である。これをきっかけにして，イベリア半島の人々がラテンアメリカへ向かうことになった。当時，旧大陸から新大陸への航海は冒険とでもいうべき困難と危険をともなうものであった。そういう状況下で，ラテンアメリカへ移住した者は旧大陸での過剰人口と窮乏から逃れることを動機とした。したがって，移住者は野心的にラテンアメリカを開拓しようとしたが，このことは現地の人々にとって暗黒の時代の始まりを意味するものでしかなかった。ラテンアメリカの現地人は，ヨーロッパの人々による収奪と虐待だけでなく，彼らが持ち込んだ病気（インフルエンザや結核など）によって大量に命を落としていった。そのため，労働力として，大量の奴隷がアフリカから導入された。

　しかし，ポルトガルとスペインによるラテンアメリカの植民地支配は他の地

域ほど長続きはしなかった。スペイン植民地の独立は，ナポレオンによるイベリア半島への侵攻とクリオーリョ（植民地生まれの白人）によって主導された独立運動が発端となって，1810年から1825年の間に実現した。一方，ポルトガルでは，ナポレオンによるイベリア半島侵攻によって王家一族が植民地ブラジルへ一時避難することになった。ナポレオン没落後の1822年に国王はポルトガル本国へ帰還したが，現地に残った皇太子が同年にブラジル帝国を打ち立てた。これがポルトガル植民地であるブラジルの独立であった。

　大航海時代の到来が植民地支配につながった点ではアフリカも同様である。ただし，アフリカ支配の初期の目的は，当時の経済活動には欠かすことができなかった奴隷の調達であった。18世紀のみで560万人の奴隷が取り引きされたという記録もある（宮本正興・松田基二編（1997）『新書アフリカ史』講談社現代新書，p.280）。そのため，当初はアフリカ大陸の沿岸部に拠点が設けられて奴隷の積み出しが行われるのが中心で，アフリカ大陸内部にまでヨーロッパの影響力が及ぶことは少なかった。しかし，この奴隷貿易は，イギリスにおける産業革命の成立とその欧州諸国への波及によって終焉を迎えた。すなわち，1807年にイギリスは奴隷貿易の廃止を法律で定め，フランス，オランダ，アメリカがそれに続いた。これによって奴隷貿易は下火になったが，このことがヨーロッパ諸国によるアフリカ大陸内部への進出と，それにともなう領土の切り取りを促し，ヨーロッパ諸国は実力行使でアフリカの植民地化を推進した。アフリカ植民地の独立は第2次大戦後の冷戦構造の影響を強く受け，共産主義勢力の拡張を推進するソ連とそれを阻止しようとするアメリカとのせめぎ合いの中で実現した。しかし，白人入植者が比較的多かったイギリス植民地では（ケニア，南ローデシアなど），入植者が政治権力を維持しようと努めたため，解放が遅れることになった。

　アジアへのヨーロッパ人の進出はラテンアメリカの領有権に関するローマ教皇の調停以降（1494年のトルデシーリャス条約），本格化した。最初の渡来はポルトガル人のバスコ＝ダ＝ガマである。彼は喜望峰を経て，1498年にカルカッタに到達し，インド航路を発見した。その後，ポルトガルがゴア（1510年），マラッカ（1511年）をそれぞれ占領し，インドないしアジア進出の拠点とした。

第3章 開発問題の歴史的展開—南北問題の発生— ○── 23

さらに、1517年にはポルトガルは広東に到達し、中国との交易を求めた。スペインはマゼランが世界周航を達成した後、1571年にマニラを占領した。一方で、イギリス、オランダ、フランスのアジア進出は東インド会社を設立した17世紀に入ってから本格化した。

アジアには広大なイギリス植民地が広がっていたが、それは産業革命が勃発してからのことである。東南アジアにはすでにポルトガルとスペインが勢力を張り巡らせていたため、イギリスはインド経営に着手することから始めた。マドラス（1639年）、ボンベイ（1668年）、カルカッタ（1700年）を占領し、そこをインド進出の拠点とした。その後、1824年から26年の英緬戦争によってビルマへの進出を成功させた。さらに、イギリスは中国進出に打って出た。1840年には、イギリスはアヘン戦争を勃発させ、香港など中国の領土の一部の割譲を勝ち取った。インド経営でイギリスに敗れたフランスは、インドシナ半島へ進出した。1858年から62年の仏越戦争に勝利したフランスは、1863年にベトナムを保護国化し、植民地支配を推進した。

アジアの植民地支配には日本も関わっている。1894年の日清戦争で中国が敗れたことは、列強による中国での利権争奪に拍車をかけることにつながった。また、1904年の日露戦争でのロシアの敗退は、満州におけるロシアの権益を日本に継承することを許した。その後、1910年の日韓併合に続き、第1次世界大戦でヨーロッパ諸国がアジアの植民地を十分に顧みることができないという間隙を突いて、日本は1931年に満州事変を引き起こし、領土の拡大を実現した。

しかし、帝国主義のアジアでの展開は、逆に、アジアにおける民族運動を駆り立てるという皮肉な結果にもつながった（鈴木俊（1960）『東洋史要説　新稿版』吉川弘文館, p.192）。それは孫文の三民主義（漢民族の独立回復としての民族主義、共和政体の構築としての民権、経済組織を改革して人民の生活を安定させるための民生主義）にもつながっている。そして、ヨーロッパ諸国が第1次大戦に専念すると、アジアの土着資本は発展を遂げることになった。これがさらにアジアにおける民族意識を高揚させることにつながった。

第2次大戦が終結すると、これまでアジアの植民地の自立を妨げてきた要素

が取り除かれるとともに，自立を促す要素が生まれた。前者はヨーロッパと日本による帝国主義の崩壊であり，後者はアジアの人々の武装闘争の激化と共産主義勢力の拡大である。これらがアジア諸民族の独立と解放を実現させることになった。さらに，東西冷戦が民族の独立に強く反映され，同一民族が2つの異なる政治体制に分断されることにもつながった。

植民地化の動機と方法

　植民地支配の主な動機は，宗主国の野心と欲望を満たすことである。
　ヨーロッパ諸国が本格的な植民地支配に入る前に世界各地に進出した際の主な目的は，交易であった。その当時，ヨーロッパ諸国が取り引きした主な商品は，アフリカでは奴隷であり，アジアでは香料や中国の絹織物，陶磁器であった。ラテンアメリカでは，ポルトガル人やスペイン人が新大陸には存在しないものを旧大陸から移植して，生産した。それらは，小麦，ライ麦，米，サトウキビ，コーヒーなどの農産物と，牛，馬，山羊，羊，ロバ，豚などの家畜である。カリブ海地域およびブラジル北東部ではサトウキビのプランテーションが，その他の地域ではアシエンダと呼ばれる大農場やエスタンシアと呼ばれる大牧場が経営された。また，鉱山開発（金，銀，銅）も行われた。
　18世紀に入ると，イギリスで産業革命が起こり，それがヨーロッパ各国に浸透すると，植民地の役割に変化が訪れた。産業革命は，それまでの職人による手作業から工場における分業を通じた工業製品の生産という生産体制の大転換を引き起こした。これは，生産効率の飛躍的な向上と規格化された製品の大量生産という今日の人類の繁栄の基礎となった重要な出来事である。しかし，これはヨーロッパの人々の生活を豊かにする一方で，植民地支配を強化せしめ，支配される側の人々の生活を苦しめるという皮肉な結果を導き出した。すなわち，工場で大量生産された製品は市場で販売されなければならない。しかし，従来の市場は大量に供給される製品ですぐに飽和した。そこで，ヨーロッパ諸国が目につけたのが植民地であった。つまり，宗主国は植民地に対して自国製品の販売地，すなわち市場としての役割を担わせることにしたのであった。

さらに，大量生産のためには，十分な原材料の調達が確保されなければならない。そこで，宗主国は植民地に対して，現地の特産物の貿易のみならず，宗主国の工業化に必要な原材料の調達先としての役割も担わせることになった。製品を生産するための機械には潤滑油が必要とされた。また，綿製品を生産するためには，綿花の大量供給が必要であった。そのため，アフリカでは落花生や綿花，アジアでは綿花やゴムのプランテーションが経営されるようになった。また，鉱山開発も推進され，アフリカやアジアでは金，銀，銅などの採掘が行われた。さらに，コーヒー，カカオなどの嗜好品のプランテーションも行われた。

その一方で，植民地では，宗主国から輸入される商品の販売を妨げることになるため，製造業の発展は抑制された。これにより，それまで植民地にも少なからず存在した製造業者は，宗主国から大量の商品が植民地市場に流れ込んできたため，廃業を余儀なくされた。つまり，産業革命によって，現地では伝統的手工業が破壊された。このような宗主国によって強要された重商主義政策の下で，宗主国は工業製品を植民地へ輸出し，植民地は宗主国へ一次産品を輸出するという垂直型分業関係が成立した。植民地経済は宗主国の経済活動に組み込まれることになったが，貿易で得られた利益は現地にとどまらず，宗主国へ流出した。

さらに，植民地が輸出する商品は多様なものではなく，ごく少数に過ぎなかった。例えば，ブラジルの場合，17世紀は砂糖の時代，18世紀は金の時代，19世紀はコーヒーの時代と呼ばれるように特定の一次産品の生産と輸出に限定されていた（国本伊代（2001）『概説ラテンアメリカ史』新評論，p.100）。これはモノカルチャー構造と呼ばれるものである。こうして植民地に形成されたモノカルチャー経済は，商品価格の変動によって景気が大きく左右された。このようなきわめて脆弱な経済構造は，植民地からの解放後の経済発展にも影響を与えた。要するに，植民地支配とは，政治的支配と経済的支配の両面をもつものであった。

第 2 節　戦後直後の開発問題

開発問題の始まり

　開発問題はいつから始まったか，この問いに対する解答を見つけるのは簡単なようで難しい。世界に発展途上国が登場したことをもって開発問題の始まりとするか，あるいは，その前にすでに開発問題はあったのか。

　まず，この問いを考えるにあたって，そもそも開発とはいかなる概念かということを再び思い起こすことが必要である。第 1 章で議論したように，開発には唯一無二の定義があるわけではない。あくまでも便宜上の定義しかなく，論者によってさまざまに定義されている。物的水準の達成度のみで捉える場合と，質的側面を加える場合もある。また，そうではなくて哲学的な概念として定義される場合もある。本書では，開発とは多元的な過程を通じて実現されるものであるとしているため，開発とは，物的追求も重要であるが，それ以外の側面も決して無視できない概念であると捉えている。

　この認識に即して，ヨーロッパ諸国による植民地支配が始まった頃まで遡って，開発問題の発生を考えてみるとどのようになるであろうか。まず，高所得国と中所得国とを区別する 1 人当たり GNI の 2011 年の水準（$12,476）を，そのまま当時に当てはめても，物価水準が大きく異なるために意味があるものではない。また，大航海時代が始まり，ヨーロッパ諸国がアフリカや南米大陸へ目を向け始めた 15 世紀中頃では，ヨーロッパ諸国は絶対君主制の封建社会であり，近代国家ではなかった。さらに，科学技術水準は現在と比較して雲泥の差があり，平均余命は短く，死亡率は高かった。義務教育の普及などは考えられない時代であり，識字能力がある者は一部の特権階級に限られた。生活様式は必ずしも合理的とはいえず，迷信や教条主義に基づく部分が多かった。したがって，開発は多元的な過程の結果として実現するものであるとすると，当時の諸国や地域はいずれも，程度の差はあれ開発に関する問題を抱えていたといえる。

　さらに，植民地支配が問題視されることはなく，列強は帝国主義を推進する

のが当然であった。しかし，他方で，ヨーロッパ諸国では，市民の間で自由と平等という意識が現れ始めてもいた。こうした矛盾をヨーロッパ諸国はしばらく抱えたまま，植民地支配を継続したのであった。

こうした矛盾に気がつき，それを行動として表したのが，第2次大戦後における発展途上国の独立である。その結果として，これまでも存在した低開発や貧困という問題が，「開発問題」として捉えられるようになり，国際社会が開発援助に本格的にとり組むようになったのである。

▍冷戦構造と開発問題

第2次大戦後に初めて問題視されることになった開発問題は，それ自体は経済的かつ社会的な問題であったが，国際政治の展開と決して無関係ではなかった。すなわち，東西冷戦の勃発が開発問題の行方にも大きな影響を及ぼした。

1917年にロシア革命によって帝政ロシアが崩壊し，社会主義・共産主義体制のソ連が成立したことは世界に衝撃を与えた。第2次大戦が終結すると，ソ連は勢力を拡大し，西ヨーロッパとアメリカなどの資本主義・自由主義諸国に脅威を与えることになった。すなわち，世界がイデオロギーにより分断されることになった。

これは開発のための支援体制の構築や援助資金の流れに直接的な影響を及ぼした。アメリカは，第2次大戦の直接の戦場となったヨーロッパ諸国の経済復興のために，1947年に欧州復興計画の実施を発表した。これはマーシャル援助として知られているものである。この目的は，西ヨーロッパの経済再建を促し，共産主義勢力を排除することにあった。援助はほぼすべてが贈与であり，物資（食料）援助が中心であった。1951年末に終結するまでの間に，マーシャル援助は総額130億ドルをイギリスやフランス，西ドイツ，イタリアなどに供与した。これに対抗して，東側陣営では1949年に経済相互援助会議（COMECON）が設立された。当初は，あまり成果はなかったといわれるが，1950年代後半から，加盟国間での国際分業が推進され，経済協力が実施された。

このような東西対立は，植民地支配から解放されたばかりの新興独立国にとっても決して無関係ではなかった。新興独立国は主権を回復しても，そのこ

とは自動的に経済的自立を保証するものではなかった。つまり，経済的に自立するためには開発政策を策定し，それを実施することが必要であった。そのためには政策策定のための知識やノウハウのみならず，それを実現するための資金が必要であった。そこに目をつけたのが東西両陣営であった。そこで，各陣営は二国間援助や多国間援助を通じて，新興独立国の経済運営に影響力を及ぼし，自陣営の勢力拡大に腐心したのであった。

　まず，西側陣営が発展途上国に対して実施した援助には，1949年の後進地域開発計画（ポイントフォア計画）がある。これは発展途上国に対して技術援助を行うことによって経済発展を促進することを目的とした。しかし，真の目的は必ずしもそこにはなく，多くの新興独立国で民族闘争や革命運動が盛んに行われるようになってきたため，開発援助を通じてこうした反政府運動を封じ込めることを企図したものであった。また，1950年にはコロンボ・プランが発足した。これは，スリランカで開催された英連邦外相会議において，南および東南アジア地域の経済社会開発の促進と生活水準の向上を図るために必要な資金援助をする必要が謳われて実現したものである。原加盟国は25カ国であり，共産主義諸国は対象外とされた（ベトナムが2004年に加盟している）。

　このように，ヨーロッパではマーシャル援助が行われ，それと軌を一とするように，発展途上国を対象として開発援助が展開されたのであった。まさに，世界を舞台として，共産主義勢力の拡大に対抗することが，あたかも錦の御旗として掲げられるようにして，開発援助が進められたのであった。

戦後の経済体制―IMF ＝ GATT 体制―

　第2次大戦後に新たに構築された経済体制も，発展途上国の利益には必ずしもつながらなかった。むしろ，先進国を利するものであったという評価もある。

　戦後の世界経済体制はブレトンウッズ体制と呼ばれる。第2次大戦の末期に，連合国はアメリカのブレトンウッズに集まり，戦後の世界経済の再建のための枠組みづくりを協議した。この協議では，戦間期にイギリスのスターリング・ブロックやドイツの広域経済圏など経済ブロックが近隣窮乏化政策を通じ

て一部の同盟国間での利益を優先したことが第2次大戦につながったと捉えられた。そこで，戦後の世界経済の秩序は，「自由，無差別，多角主義」という原則を掲げて，推進されることが望ましいと結論づけられた（自由とは貿易と金融取引の障壁を撤廃すること，無差別とは世界の諸国が平等な立場で競争すること，多角主義とは自由で平等な経済取引が世界全体で行われることをそれぞれ意味するものである）。

ブレトンウッズで行われた協議は，1944年7月のブレトンウッズ協定の調印に結実し，この協定は翌1945年12月に発効した。それによって，国際通貨基金（IMF）と世界銀行として知られる国際復興開発銀行（IBRD）が設立された。IMFの主目的は，為替取引の自由化と為替の安定化であった。世界銀行の主目的は，戦後復興のための長期資金の融資であった。さらに，通商の自由化を推進する機関として設立されたのが，関税と貿易に関する一般協定（GATT）である。1947年10月に先進国と発展途上国の23カ国で締結された。GATTの主目的は，関税の軽減と数量制限（輸入割当制，為替管理など）の撤廃であった。そして，互恵主義と最恵国待遇という二大原則の下で，貿易自由化が推進された。互恵主義とは特定国に対して一方的な譲歩を迫るという対応ではなく，双方が譲歩し合うということ，最恵国待遇とは二国間交渉で獲得された成果は第三国にも無差別で適用することであった。こうして，第2次大戦後の世界経済は，IMF＝GATT体制の下での自由主義を基本的理念として推進していこうとするものであった。

この新たな体制は，発展途上国にとっていかなる意味があったのであろうか。ひと言でいうと，この新たな戦後の経済体制から主に恩恵を受けたのは先進国であった。図3－1に示されているように，世界貿易に占める発展途上国の貿易額の割合は1970年まで一貫して逓減し，1970年の割合は1950年のほぼ半減になった。

GATTは貿易自由化を推進するために，関税引き下げ交渉を始めた。この交渉はラウンドと呼ばれる。第1回ラウンドは設立年である1947年に始まった。これにより，関税は平均で35％削減されたが，これは発展途上国よりもむしろ，先進国にとって有利であった。というのも，農業大国のアメリカは例外条項で農産物貿易について保護主義を押し通すことができたからであった。

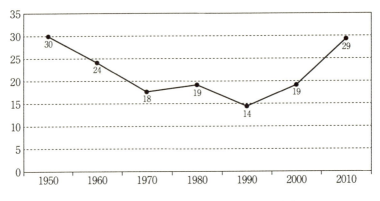

図3-1 発展途上国の貿易の世界貿易比（％）
（出所）世界銀行データベースより作成。

GATT体制の下で推進された貿易自由化は，関税撤廃により，発展途上国に対する先進国の工業製品輸出を増大させる一方で，先進国に対する発展途上国の輸出は拡大しなかった。しかも，発展途上国の主力輸出商品は戦後しばらくの間，一次産品にとどまった。1970年になっても，発展途上国では，全商品輸出に占める製造業品の割合は3割程度でしかなかった。タイ，マレーシア，インドネシア，フィリピンでは1割に満たず，シンガポールでさえ28％に過ぎなかった。すなわち，植民地経済体制の下での貿易構造とほとんど変わらなかったのであった。そのため，発展途上国はIMF=GATT体制を「強者の論理」として批判した。

第3節　南北問題と第三世界の連帯

南北問題の登場

戦後まもなくして東西問題が勃発したが，その後しばらくすると，南北問題が注目を集めるようになった。東西問題は，ヨーロッパを中心に据えた世界地図上では，自由主義諸国が左側（すなわち西側）に，共産主義諸国が右側（すなわち東側）に位置していることから名付けられた。それと同様に，世界地図の

上（すなわち北）と下（すなわち南）で対照的な構図があるというのが，南北問題である。

この南北問題に国際社会の目を向けさせたのが，1959年にフランクス（O. Franks）が行った講演であった。この講演で，彼は，「以前には，東西間の緊張という問題が支配的であったが，しかし今日では，我々はそれと同じように重要な南北問題に直面している」と述べた（室井義雄（1997）『南北・南南問題』山川出版社，p.4)。すなわち，南北問題とは先進国と発展途上国との対立であり，また，世界における経済格差の問題であった。前節で述べたように，こうした世界の経済格差という実態は植民地支配期からすでに存在していたことではあったので，現象としては特に目新しいことではなかったはずである。しかし，この実態が国際社会で問題視されたことは，第2次大戦前にはなかったのである。それが，1960年代前後になってようやく，世界の経済格差の問題としてとり上げられ，そして，南北問題として世界の注目を集めるようになったのであった。

そういう意味で，南北問題という言葉が世の中に登場し，それが広く行き渡ったことは，その後の開発問題の展開という点できわめて画期的なことであった。

国連開発の10年

世界の経済格差が南北問題として捉えられるようになったことは，世の中の矛盾を概念として認識したということにとどまらず，その解決のための行動を起こそうという具体的な動きにもつながった。それが「国連開発の10年」である。

これは，1961年に米大統領のケネディが，1960年代を通じて，国際連合を中心にして発展途上国の開発にとり組むことを国連総会において提唱したことに端を発する。このとり組みでは，先進国は発展途上国との間で協力関係を構築して，経済成長の促進や開発援助の拡大を実現しようとした。また，開発支援の実施にあたって，具体的な数値目標が設定されたことも画期的なことであった。1960年代を通じて発展途上国は年率5％の経済成長率を実現し，先

進国は国民所得の1％を開発援助に充てることが目標として設定された。

　発展途上国の開発を促進するには資本が必要であるが，発展途上国には貯蓄や民間資金が不足している。そこで，開発に必要な資金の不足分を開発援助で補うことが必要であると認識されたために，「国連開発の10年」において，援助額の目標値が設定されたのであった。この背後には，ハロッド＝ドーマー型成長理論の考え方が影響を及ぼしている（この理論については第6章を参照）。すなわち，経済発展には貯蓄率を引き上げ，それを投資に回して工業化を推進することが必要であると捉えられたのである。ひと言でいうと，経済発展＝工業化として開発問題は単純化して認識されていたのであった。

　なお，「国連開発の10年」のとり組みは1960年代にとどまらず，その後も継続していった。そこで，1960年代のとり組みを第1次，1970年代のものを第2次，1980年代のものを第3次と区別して呼んでいる。「第2次国連開発の10年」では，経済成長率は年率6％，援助額は1970年代半ばまでに先進国のGNP（国民総生産）の0.7％と設定された。「第3次国連開発の10年」では，経済成長率は年率7％に設定された。

第三世界の連帯

　開発問題に関する画期的な出来事は植民地支配から解放された発展途上国自体からも発生した。それが，第三世界，すなわち発展途上国同士の連帯である。

　発展途上国が植民地支配下にあった第2次大戦前には，植民地と宗主国との間には垂直的分業関係という縦の関係が存在していたが，植民地同士の横の連携というものは基本的にはなかった。もちろん，植民地支配下にあった地域で行われていた民族主義運動や共産主義運動などが他国と連携をもつことはあったが，あくまでもそれは地下活動であり，公式なものではなかった。それが，植民地からの解放後，1950年代半ばになると，南側諸国同士の連帯の気運が高まってきたのであった。

　その最初のものは，1954年の4月から5月にかけてスリランカのコロンボに5カ国（スリランカ，インド，パキスタン，インドネシア，ビルマ）が集まって開催

された会議であった。この会議では，①反植民地主義，②原水爆禁止，③インドシナ戦争の平和的解決などが決議された。これらの諸国は，会議が開催された場所にちなんで，コロンボ・グループと呼ばれる。これが南側諸国の連帯の契機となって，その後，相次いで国際会議が開催され，この連帯の芽はますます大きな勢いを得て，成長していくことになるのであった。

　翌1955年4月には，第1回アジア・アフリカ会議がインドネシアのバンドンで開催された。これには29カ国が参加し，「バンドン精神」と呼ばれる「世界平和と協力の促進に関する宣言」が採択され，反植民地主義，領土と主権の相互尊重，内政不干渉，平和共存など南側諸国の独立が強調された。この会議は，アフリカとアジアにまたがる人類史上初めて開催される有色人種の会議であるとして，世界的な注目を集めた。さらに，当時は依然として植民地支配下に置かれていたアフリカの独立運動に大きな希望を与えることにつながった（1960年にはアフリカで一気に17カ国の独立があったことから，この年は「アフリカの年」と呼ばれており，この時期に発展途上国の大部分が政治的独立をした）。これらに加えて，1950年代には，第1回アジア・アフリカ人民連帯会議（1957年カイロで開催），アジア・アフリカ経済会議（1958年カイロで開催）などが相次いで開催された。

　これらの一連の第三世界が主催する国際会議が成功したことによって，1960年代に入ると，これらの南側諸国の連帯と結束を推進する中核的な役割を担う動きが登場する。それが，第1回非同盟諸国首脳会議（1961年ベオグラードで開催）の開催であった。この会議には，インドのネルーやエジプトのナセル，そして，開催国であるユーゴスラビアのチトーなど強力なリーダーが参加し，東側陣営にも西側陣営にもどちらにも属さない非同盟を貫く第三の勢力としての結束を確認した。この会議では，反帝国主義，反植民地主義を貫き，連帯と結束を通じて第三世界諸国の交渉力を強化し，平和共存を求め，南北関係の改善を図ることを採択した。

　こうした第三世界の連帯の強化は，東西両陣営の政治的な活動に無視できない影響を及ぼした。東側陣営は，発展途上国に対して西側諸国による帝国主義を警告し，それに対抗するには民族解放運動が必要であり，それに対する支援

を発展途上国に対して働きかけた。一方で，西側陣営は，発展途上国に対する共産主義の浸透に対抗するには，貧困問題の解決が不可欠であるとし，開発援助を通じて発展途上国を支援しようとした。

　第三世界の存在感の高まりと，第三世界に対する東西両陣営の対応は，援助競争を繰り広げさせた。しかし，援助競争の激化から，その調停の必要性が叫ばれるようになり，そのためには国際機関の強い役割が必要とされた。このことは，発展途上国にとっても都合が良かった。それは，交渉力の向上のためには，発展途上国が結束して先進国に立ち向かわなければならず，そのための公式な交渉の場が是が非でも必要であったからである。その結果として，国連における新たな協議体，すなわち国連貿易開発会議（UNCTAD）の設立が決定された。

第4章
開発問題の歴史的展開
―第三世界の結束と南北問題の展開―

第1節　第三世界の結束とUNCTADの設立

▌UNCTAD設立の経緯

　UNCTADの設立は，1960年代に入って順調に実現した。しかし，それは，世界の貧困問題に対して国際社会が責任と義務を果たすべきであるという人道的な論理で実現したわけでは必ずしもなかった。むしろ，先進国の足並みの乱れと発展途上国の結束という政治的な力学が大いに影響を及ぼしていたことを見逃してはならない。

　UNCTADの早期設立には，主に4つの要素が絡んでいた（外務省編（1965）『国連貿易開発会議の研究―南北問題の新展開―』世界経済研究協会，pp.139-182）。第1は，国際社会が南北問題の解決の必要性と重要性を認識し始めたことである。それは，1959年に世界の経済格差が南北問題として認識され，国際社会がそれに注視するようになったことが挙げられる。第2次大戦後，開発援助が実施され発展途上国の経済発展に対する経済支援が開始された。しかし，依然として発展途上国の貧困問題は解決されなかったのである。そこで，先進国は援助に加えて，貿易面での譲歩が発展途上国の経済発展には必要であると認識するようになっていた。これが，1961年に開催された第16回国連総会において，「国連開発の10年」の実施が採択されることにつながった。そして，この総会では，国連主催の貿易開発会議を開催する必要があるかどうかが議論された。

　しかし，先進国は貿易について意見の合意をみていなかった。これが第2の

点である。すなわち，発展途上国の当時の主力輸出商品である一次産品貿易について，アメリカと英国は自由化推進という立場であったが，フランスなどEEC（欧州経済共同体）諸国は自由化反対の立場をとっていた。さらに，発展途上国の輸出商品に対して優遇措置を与えるという特恵制度について，アメリカはその経済発展に対する意義を認めない一方で，フランスはその意義を認めていた。また，英国は英連邦の維持にこだわっていた。このように，先進国間で貿易と開発に関する見解が一致しなかったことが，UNCTAD設立という課題に対して，先進国が受け身の姿勢をとらざるを得なかったことにつながった。

一方で，発展途上国は，IMF=GATT体制は「強者の論理」であり，先進国を利するばかりであると考えており，それを克服するには現行の貿易体制を乗り越える必要性があると考えていた（第3の点）。それが発展途上国同士を1つにまとめて結束させる誘因につながった。そして，その結果，アラブ連盟，インド，ユーゴスラビアなどの発展途上国が主導して，1962年にエジプトのカイロに集まり，「カイロ宣言」を採択した。この宣言は，貿易開発会議の早期開催を盛り込んだ決議文であった。

では，ソ連をはじめとした社会主義諸国では発展途上国の要求にいかに対処していたのか。ソ連は発展途上国からは先進国の一角とみなされていた。したがって，ソ連は発展途上国の側にあるわけではなく，むしろ交渉相手であった。一方で，東西冷戦構造の中にあって西側諸国と対立していたため，ソ連はできる限り発展途上国と結び，貿易開発会議の開催要求に対して自らの陣営に有利な方向にもって行きたいと考えていた。したがって，ソ連は積極的に動くことを避けていた（第4の点）。

このような先進国の乱れと，それとは好対照な発展途上国の結束，そして，ソ連の消極的態度の結果として，1962年に開催された第17回国連総会において，貿易開発会議の開催が決議されることになったのであった。そして，その決議には，貿易開発会議は国連の常設機関として1964年にUNCTADとして設置されることが記された。

第4章 開発問題の歴史的展開—第三世界の結束と南北問題の展開— ○——37

▎UNCTADの意義

　UNCTADの設置は南北問題の解決にとって画期的な出来事であった。というのも，これまでは，主権国家となった発展途上国は先進国との交渉において1対1で対峙しなければならなかった。これは，発展途上国の経済力がきわめて脆弱で，国際政治力がほとんどないことから，交渉力はきわめて弱く，交渉上きわめて不利であった。しかし，UNCTADは発展途上国に対して，少なくとも次の3点において，これまでの不利な状況を覆すものであった。第1に，従来存在しなかった南北問題の常設機関が，UNCTAD設立によって設けられたことである。しかも，国連の下部組織として設けられたことは，国際社会が南北問題の専門的組織として認めたことを意味した。第2に，UNCTADが南北問題解決のための起点となったことである。貿易と開発に関する常設の国際機関が設置されたことは，UNCTADに世界の目が注がれることを意味した。第3に，UNCTADでは第三世界が運営の主導権を握ることができた（斎藤優編(1982)『南北問題』有斐閣選書，pp.21-22）。

　この第3の点はUNCTADの運営方法に如実に表れている。すなわち，国際機関は公平中立であるべきであるが，UNCTADについては，設立当初から，発展途上国の期待を背負って設立された。したがって，初代事務局長に就任したプレビッシュ（R. Prebisch）には，発展途上国から大きな期待が寄せられていた。その結果として，UNCTADの運営は発展途上国に強く荷担する傾向で行われざるを得なかった。もっとも，プレビッシュ自身がアルゼンチン出身であり，また，国連ラテンアメリカ経済社会委員会の事務局長を務めた経歴からして，発展途上国の代弁者としてふさわしい存在でもあった。このことは，UNCTAD総会における相次ぐ強行採決を可能とならしめることになった。

　UNCTADの組織運営は，また，発展途上国と先進国との分断を制度づけ，対立を煽るような側面も有した。すなわち，UNCTADは運営上必要な理事国を選出するにあたって，世界の諸国を4つのカテゴリーに分類した（Aリストにはアジア，アフリカ，Bリストには西欧，北米，日本，オーストラリア，ニュージーランド，Cリストにはラテンアメリカ，Dリストにはソ連，東欧がそれぞれ分類された）。その結果，Aリスト国とCリスト国が発展途上国とみなされたことから，先進国

(社会主義圏を含む)と発展途上国との区別が明確になった。なお，Aリスト国とCリスト国は発展途上国グループを結成することになり，それは「77カ国グループ」と呼ばれ，これは発展途上国の代名詞となった。

第2節　プレビッシュ報告とUNCTAD総会

プレビッシュ報告

プレビッシュ報告とは，正式には「新しい貿易政策を求めて（Towards a New Trade Policy for Development）」と題してUNCTAD初代事務局長のプレビッシュより提出されたものである。この報告は第1回UNCTAD総会の開催に先立って公表され，発展途上国にとっては総会での討議の方向性を示す共同綱領とでもいうべき役割を果たすことになった（杉谷滋（1978）『開発経済学再考—南北問題と開発途上国経済—』東洋経済新報社，p.28)。

この報告書の趣旨は次のようなものである。すなわち，戦後になって，IMF=GATT体制という新たな世界経済体制が構築され，その下で経済活動が行われてきたが，それは発展途上国にとっては決して好ましい結果をもたらしたわけではなかった。1950年から1961年を通じて交易条件は26％も悪化し，発展途上国の輸入の伸び（同期間の年平均4.6％）は輸出の伸び（同3.5％）を上回り，貿易赤字は短期資本の借り入れで賄わざるを得ない状況であった。しかも，発展途上国の主要輸出商品である一次産品は所得弾力性が低く，そうした商品の輸入国である先進国は農業保護政策を採用していたり，一次産品の代替品を開発したりする状況であった。さらに，先進国は発展途上国からの製品輸入も制限していた。そもそもGATT体制下では，先進国と発展途上国という経済発展の水準が異なる立場の諸国が存在しているという事実を前提としていないことから，発展途上国がGATT体制から得た利益は少なかった。そこで，発展途上国の経済発展のためには，工業化の推進と製品輸出の拡大が必要であるということを，プレビッシュ報告では訴えたのであった。

プレビッシュ報告では次の5つの観点から，貿易と開発を巡る問題点に対して解決策を提示している。第1は一次産品問題である。これは，国際商品協定

第4章 開発問題の歴史的展開―第三世界の結束と南北問題の展開― ○―― 39

を結成して，一次産品の価格支持ないし所得支持を国際的に行うこと。第2は工業製品輸出についてである。これは，発展途上国内で工業化を推進し，工業製品輸出を拡大するために，一般特恵制度を設けること。第3は国際的な資金供与についてである。これは，国民所得の1％を開発援助に充当するという「国連開発の10年」で定められた目標が達成されていないこと，さらに，交易条件の悪化のために，発展途上国の債務負担が増大しているため，交易条件の悪化を補う補償融資制度を設けることが必要であるということ。第4は東西貿易についてである。ここでいう東西貿易とは，発展途上国と社会主義圏との貿易のことである。社会主義圏の総生産は当時の世界の総生産の3分の1を占めていた一方で，世界貿易に占める割合はそれほど高くはなかった。そのため，社会主義圏は発展途上国の輸出を吸収できるという想定から，二国間協定方式で貿易を推進できるということであった。第5は世界貿易開発のための制度と機構についてである。これは，GATTは発展途上国が関わる貿易問題の解決には有効ではないということから，貿易と開発を取り扱う常設機関を設けることが必要であるというものである。そもそもGATTは工業製品の貿易を検討対象としており，一次産品などの商品貿易については交渉の対象外であった。また，すべてが国家貿易であり，その意味では関税が設定されていない社会主義圏は制度が異なることからGATTの対象外であった。発展途上国には，自らの主力輸出商品である一次産品の貿易についてとり上げる国際機関の存在が不可欠であった。

　要するに，これら5つの観点から，貿易と開発を巡る問題点が先進国と発展途上国との間には存在し，しかも，それらを解決することが発展途上国にとっては急務であるとプレビッシュ報告は訴えたのである。これらの5つの観点のうち，①一次産品問題，②工業製品（製品・半製品）輸出問題，③資金援助（補償融資制度）問題が，発展途上国が最も重視した点である。この「三大要求」はその後のUNCTAD総会において繰り返し要求されることになった。

UNCTAD総会での討議

　UNCTAD総会は分科会方式で南北問題に関する個別問題について討議し

た。分科会は5つ設けられた（第1委員会：一次産品；第2委員会：製品・半製品；第3委員会：援助・貿易外収支；第4委員会：機構；第5委員会：貿易原則・東西貿易・地域統合）。UNCTADの設立によって，公式の討議の場が設けられたのであるが，議論は終始平行線であった。そのため，委員会決議ではしばしば強行採決が行われた。しかし，そのままでは議論が決裂してしまうため，最終的には発展途上国穏健派であるラテンアメリカと東南アジア諸国が先進国と議長およびプレビッシュ事務局長との間に仲介に入り，妥協案が模索され，議定書の採択にもち込むという方式になった。討議参加国はこの議定書に署名することになるが，そのことは議定書の内容を遵守することではなく，内容を確認したという意味しかなかった。つまり，議定書に法的拘束力はなく，それには勧告とともに，関係各国の留保事項も収録された。したがって，議定書は署名されていたため一定の政治力はもったが，南北問題の解決に資するものであったかどうかについて疑わしかった。

　次に，UNCTAD総会での討議内容とその帰結について概観していこう。1964年に開催された第1回総会は開発問題の歴史的展開という点からすると画期的な出来事であった。前述のように，プレビッシュ報告書は貿易と開発を巡る諸問題を明らかにし，それに対する対応策を具体的に提示した。そして，それは発展途上国全体の要求でもあった。しかし，討議の帰結は，UNCTAD総会が開催されたという画期的な事実と比較すると，目覚ましいものではなかった。一次産品問題については，先進国は1969年末までに可能な限り貿易自由化を完全に実施すべきであるとされ，さらに，国際商品協定の必要性が認識された。そして，国際商品協定については常設委員会を設けて継続して審議することとされた。発展途上国からの工業製品（製品・半製品）輸出に対して特恵供与を行うかどうかという問題についても，専門家委員会を設けてさらなる審議をすることと決定された。このように，一部の課題については実現の必要性が謳われたが，それは必ずしも拘束力をともなうものではなかった。むしろ，多くの課題がさらなる検討を要するため，常設の委員会を設置するというように，問題の先送りという決着しかつけられなかった。

　唯一，具体的な結論が引き出されたのは，援助と補償融資について討議する

第3委員会であった。先進国としては、貿易面で譲歩することは利害が絡み困難であった一方で、援助面ではむしろ国内世論を説得しやすかった。そのため、先進国は国民所得の1％を対途上国援助の目標とすることを定めた。ただし、補償融資制度については、そのまま認めるのではなく、補足融資、すなわち、援助の増大に読み替えることによって受け入れることになった。ここでも、先進国は発展途上国の要求をそのまま受け入れることを巧みに回避し、自国の利益を優先した。

1968年に開催された第2回総会では、発展途上国側は引き続き「三大要求」を実現することを主眼にして、討議を続けた。その結果、先進国が発展途上国の製品輸出に対して特恵関税を供与するという譲歩を発展途上国は勝ち取ることができた。しかし、それ以外の要求については具体的な譲歩を勝ち取ることはできなかった。1972年に開催された第3回総会では、金為替本位制の事実上の崩壊による国際通貨危機のために、これに関する点が発展途上国の要求に追加された。すなわち、発展途上国によるIMFの投票権の拡大や為替差損による補償などが議論された。しかし、発展途上国は先進国から実質的な譲歩を引き出すことはできなかった。

1976年に開催された第4回総会では、発展途上国側は新たな譲歩を勝ち取ることができた。それは、発展途上国が当初要求していた「三大要求」の1つである一次産品問題の解決策である一次産品総合プログラムに、先進国が真剣な対応を示すようになったことであった。その結果として、国際商品協定が発展途上国と先進国との間で締結されることとなった。

第3節　南北問題の展開におけるUNCTADの役割

ニクソン・ショックへのUNCTADの対応

第3回UNCTAD総会では、それまでになかった国際通貨危機に対する要求が追加された。それは、1971年8月のニクソン・ショックに端を発する。

戦後の世界経済体制はIMF=GATT体制と呼ばれ、国際金融面ではIMF体制である。これは、第3章で述べたように、平価切り下げ競争と為替管理を通

じた対外経済取引の制限が世界大戦につながったという反省から設けられた通貨安定策であった。その制度では，金1オンスが35米ドルに設定され，各国通貨の為替相場は米ドルに固定された（日本の場合，1米ドル＝360円）。また，この固定相場制は，米ドルと金との兌換を裏付けとするものであった。しかし，国際貿易の拡大による米ドルの流出は，アメリカからの金の流出を意味した。すなわち，国際貿易の拡大はドルの信用失墜につながるという自己矛盾を抱えた制度であった。

そういう矛盾を抱えたIMF体制は早晩，つまずくことになった。それはフランスが米ドルを金と兌換することを要求し，アメリカにおける金保有量が大幅に減少したからであった。その結果として，米ドルの信用が低下するとともに，金の市場取引価格が高騰した。これに対して，アメリカはドル防衛策をとったが効果がなく，結局，アメリカは金・ドル交換の一時停止を決定したのであった。これがニクソン・ショックである。その後，国際金融体制の崩壊を食い止めるために協議が行われ，1971年12月にはスミソニアン協定が締結された。これは，金1オンスを38米ドルに設定し，主要国の対ドル相場を切り上げることであった（日本の場合，1米ドル＝308円）。これにより，固定相場制を維持しようとしたが，1972年6月に英国が変動相場制へ移行し，他国もそれに追随したため，1973年に金為替本位制は崩壊することになった。

このことは，発展途上国にどのような影響を与えたのであろうか。米ドル相場の下落の影響は発展途上国経済に甚大な損害を与えることになった。第1に，輸出収入の縮小である。というのは，発展途上国の輸出は米ドル建てで行われていたからである。米ドルの価値低下は対ドル相場の切り上げになった。その結果として，米ドル価値の下落はそのまま輸出収入の縮小につながった。第2に，外貨準備の目減りである。発展途上国の外貨準備の70％が米ドルで行われていた。したがって，米ドルの価値減少はそのまま発展途上国の資産の縮小につながった。第3に，発展途上国の輸入品価格の上昇である。発展途上国の貿易は米ドル建てで行われていたため，アメリカとの貿易には影響はないものの，その他の諸国からの輸入品の価格上昇につながった。これは発展途上国の物価上昇につながり，景気に悪い影響を及ぼした。こうしたことから，国

際通貨危機からの影響を緩和することが UNCTAD 総会の要求に追加されたのであった。

 しかし，発展途上国が従来から主張してきた「三大要求」でさえ，先進国に真剣に受け止められない中で，国際金融危機で足元がおぼつかなくなった先進国は，発展途上国からの新たな要求に耳を傾けようとはしなかった。こうした先進国の発展途上国に対する冷ややかな対応は，UNCTAD における発展途上国の交渉姿勢に大きな転換を求めることにつながった。

対話から対立の場としての UNCTAD

 UNCTAD は発展途上国にとって先進国と対等の立場で開発に関する交渉を行う場として画期的なものであった。しかし，既述のように，常設の交渉機関を設けることはできたものの，そこから具体的な成果を引き出すことはきわめて困難であった。そこで，発展途上国は先進国に対する姿勢を転換させることになった。

 発展途上国は，1964 年の第 1 回 UNCTAD 総会から「三大要求」を中心に，貿易開発に関するさまざまな要求を討議してきた。しかし，先進国側は会議のテーブルには着くものの，討議を通じて発展途上国が具体的な成果を獲得することは簡単ではなかった。具体的な成果が出始めたのは，1968 年の第 2 回総会の時である。しかし，その時に得ることができたのは，発展途上国からの製品輸出に対する特恵措置にとどまった。その後，再び膠着状態が継続するのである。

 そこで，発展途上国側は，先進国に対する姿勢を改めることになった。すなわち，これまでの先進国からの譲歩を迫る戦術を改めて，従来の南北関係そのもの（すなわち旧来の経済秩序）に対してその転換を求める策に打って出ることにした。つまり，自力での経済開発という方針を掲げたのであった。この方針は，1970 年にザンビアの首都であるルサカで開催された非同盟諸国首脳会議で決定された。そして，自力での経済開発を実現する手段として，資源ナショナリズムに訴えることが決められた。

 1973 年に，アルジェリアの首都のアルジェで開催された非同盟諸国首脳会議では，「アルジェ宣言」が採択された。これは，①天然資源に関する恒久的

主権の尊重、②貿易制度改革（特恵制度）の推進、③多国籍企業の活動に対する制限について、南側諸国の行動を規定した共通綱領とでもいうべきものであった。これが、1974年5月に開催された第6回国連特別総会において採択された「新国際経済秩序に関する宣言」の下敷きとなった。表4-1に示されているとおり、新国際経済秩序（New International Economic Order, NIEO）はUNCTADにおける従来の発展途上国の要求を網羅することに加えて、発展途上国は国有化を通じて多国籍企業の活動に制限を加える権利をもつという過激な項目が含まれていた。

NIEOが第6回国連特別総会において採択されて以降、世界経済は混乱に陥ることになる。それは、1974年に勃発した第1次石油危機に端を発した。そもそもの原因は、第1に、第4次中東戦争を契機としてアラブ産油国が原油の禁輸と減産を決定し、そして第2に、OPECが原油価格を4倍増に引き上げたことによって引き起こされた。原油価格は1バレル3.01米ドルであったのが、1973年10月には同5.12米ドルへと引き上げられ、同年12月にはさらに同

表4-1　新国際経済秩序の概要

① 天然資源の恒久主権 　　国家が国内資源を所有・使用・処分する権利を有すること
② 生産国カルテルに参加する権利 　　OPEC（石油輸出国機構）のような生産国同盟を結成する権利を有すること
③ 外国投資を国内法によって国有化する権限 　　多国籍企業に対して規制する権限を有すること
④ 国際商品協定の締結と拡充
⑤ 一次産品価格のインデクセーション 　　発展途上国の輸入価格の変動にリンクさせて、輸出価格を調整する権利を有すること
⑥ 先進国市場へのアクセスの改善
⑦ 一般特恵の拡大と恒久化
⑧ 発展途上国の工業化の加速 　　世界の工業総生産に占める発展途上国の割合を25％に高めること
⑨ 資金援助と技術援助の積極的推進

11.65米ドルへと再度引き上げられたのであった。

　イスラエルと周辺アラブ諸国との間の中東戦争は，欧米諸国から支援を受けていたイスラエルが，発展途上国であるアラブ諸国と対決するという構図であった。そのため，これが先進国と発展途上国とが対峙するUNCTADの対立関係と重なったことによって，資源ナショナリズムと結びついた。その結果，南北関係は，対話から対立へと大きく変化することとなった。そのため，NIEO宣言が採択されて以降の一連の国際会議では，NIEOと同一線上の決議が繰り返されることになった。一方で，先進国側も市場万能主義のイデオロギーに固執し，双方とも相容れることができなかった。

　しかし，1976年の第7回国連特別総会では，南北側双方に歩み寄りの姿勢が見え始めた。それはいつまでもイデオロギー的対立を続けたところで，何ら具体的な成果が上がらないという認識が広がったからであった。そこで，先進国側は，発展途上国側が要求する一次産品価格のインデクセーション（物価スライド制）はインフレにつながることから，その実現に反対したが，輸出所得の安定化には一定の理解を示した。また，一般特恵制度は1980年までに終了しないということでも双方が合意に達した。さらに，援助額の目標値であるGNPの0.7％を達成するために最大限の努力を先進国は払うことでも双方が妥協した。

　こうして，激しい対立が繰り広げられた南北関係は収拾へと向かうことになった。では，NIEOを通じて，発展途上国はいかなる成果を獲得したのであろうか。ひと言でいうと，見るべき成果を得ることができたとはいえない。せいぜい追加援助を獲得した程度である。というのも，南北双方が妥協して一定の合意を見たものの，それは個々の問題の具体的解決を先送りにしたに過ぎず，具体的な解決策の検討は将来に委ねられることになったからである。

▌国際商品協定と一次産品問題の行方

　NIEOが，これまで先進国から真剣な対応を示されてこないという点で劣勢に立たされた発展途上国の起死回生策として登場したにもかかわらず，そこから得られた成果はほとんど無に等しいものであった。それと同様に，発展途上

国が「三大要求」として第 1 回総会から要求し，1976 年の第 4 回総会において，ようやく獲得することができた一次産品総合プログラムも成果を上げることができなかった。

　発展途上国が第 4 回総会にて一次産品総合プログラムを勝ち取ったのは，先進国がそれに真剣な対応を示すようになったからであった。それにより，国際商品協定の対象商品の拡大と締結が現実のものとなった。発展途上国が求めていた国際商品協定とは，商品価格の変動幅を小さくし，価格変動から景気に及ぼされる影響を緩和しようとするとり組みであった。国際商品協定を締結することによって得られると期待される商品輸出国のメリットは，輸出価格の変動が抑えられることによって，安定的な輸出収入を確保することができることである。また，農産物が豊作の場合も価格の下落を防ぐことができた。発展途上国はモノカルチャー経済であり，ごく少数の輸出商品で国内経済を支えている状況では，輸出収入の安定化はきわめて重要な経済課題であった。一方で，期待される商品輸入国のメリットは，天候不順などによる凶作の際でも商品価格の高騰を防ぐことができるというものであった。このことは，食用農産物を消費者に安定的な価格で供給し，あるいは，工業用農産物を大量かつ確実に供給するためには必須のことであった。

　国際商品協定は 1930 年代から存在しており，小麦，砂糖，コーヒー，すずなどで協定が締結されていた。しかし，発展途上国はこれを拡充することを UNCTAD 等の国際会議で繰り返し要求していた。その成果は，NIEO 宣言採択後，開催された第 4 回 UNCTAD 総会において 18 品目（バナナ，ココア，コーヒー，砂糖，茶（紅茶），植物油，食肉，ボーキサイト，銅，綿花・綿糸，硬質繊維，鉄鉱石，ジュート，マンガン，リン鉱石，天然ゴム，熱帯木材，すず）が国際商品協定の対象商品として認められたことである。

　商品協定による価格安定化のしくみは次のようである。すなわち，輸出国と輸入国とが直接つながる通常の貿易とは異なり，双方の間に緩衝在庫が設けられる。輸出国は輸出商品をいったん緩衝在庫へ移し，そこから輸入国に対して必要量を輸出するのである。商品，特に農産物が豊作の時には市況が暴落する可能性があるため，その際には緩衝在庫を多く抱えて，市場に出回る商品数量

第4章 開発問題の歴史的展開─第三世界の結束と南北問題の展開─ 47

を調整し，価格の低下を避ける。逆に，不作の時には市況が高騰するのを制限するために緩衝在庫からの商品放出量を拡大し，価格の上昇を抑えるのである。こうした緩衝在庫を通じた価格調節機能によって発展途上国は輸出収入の安定化を確保しようと考えたのであった。

　しかし，発展途上国は商品協定の締結を望み，念願の締結に至ったが，その終結は意外に早かった。その理由にはいくつかあるが，主なものとして4点挙げておきたい。第1に，国際商品協定では，ある望ましい水準に価格を設定して，その水準から価格があまり変動しないようにすることが基本的な作業になる。しかし，どの水準が望ましいのか，それを決定するために行った生産国（発展途上国）と消費国（先進国）との間の話し合いで合意に至らなかったことである。第2に，緩衝在庫の規模，生産調整に関する議論で合意を得ることが難しかったことである。第3に，緩衝在庫自体が果たして機能しているのかどうか疑問が呈されたことである。一次産品産出国の多くが商品協定に加盟すれば，緩衝在庫は一定の効果を発揮する可能性が高いが，そうでないならば実効性は薄れてしまう。また，協定の締結国が短期的利益に目がくらんで，生産調整を無視して緩衝在庫を経ない貿易をすることもあった。その場合は，緩衝在庫自体を設ける意味がなくなってしまう。最後に，先進国が天然の工業原料に代わる合成代用品を開発したことである。天然ゴムに対する合成ゴム，綿糸に対する合成繊維のようなものである。これらの理由により，国際商品協定は交渉が進展しないばかりか，その必要性について疑問が呈されることにもなった。その結果として，ようやく勝ち取った権利を発展途上国はその意図に反して放棄せざるを得なくなったのであった。

　このように，1960年代から70年代を通じて，発展途上国は結束して，貿易を通じた開発の実現のために「三大要求」をはじめとして，さまざまな要求を先進国に対して提示してきた。そして，従来の譲歩を引き出す戦略では埒があかないとみるや，対決姿勢をあらわにして，NIEO宣言の採択と石油価格の引き上げという実力行使に出た。そうして，ようやくつかんだ国際商品協定の締結の権利も，現実にはほとんど機能せず，発展途上国はUNCTADで先進国と交渉はしたけれども，そこから得た具体的な成果は乏しいものであった。

第5章
開発問題の歴史的展開
―南北問題の変容と新興国の台頭―

第1節　新興工業国の登場と南北問題の変容

▍南南問題

　1970年代に入ると南側諸国内でも豊かな国と貧しい国との間の格差が顕在化してきた。したがって，世界の経済格差問題は先進国と発展途上国との間の南北問題と発展途上国間の南南問題というように重層化し始めた。

　戦後の開発問題は南北対立を巡って展開してきた。発展途上国は国連総会やUNCTADなどの国際社会で経済発展のための要求を先進国に対して投げかけた。それは新国際経済秩序樹立宣言につながり，その具体的な行動として資源ナショナリズムが発展途上国を席巻した。その結果，1970年代に石油危機が発生し，原油をはじめ，資源をもてる発展途上国では利益拡大の機会が増した。

　一方，東アジアには国土面積や人口という点で小国であり，天然資源も保有しない発展途上国が広がっていた。しかし，これらの諸国には教育水準が比較的高く，勤勉な労働力が存在している点では他の発展途上国と比較して際立っていた。そこで，その強みを生かして，直接投資（FDI）を受け入れて工業化を推進し，積極的に対外市場へ製品輸出を行った。こうして，資源保有国と工業化が進んだそれぞれの発展途上国は，1970年代を通じて一定の経済発展を実現した。

　しかし，発展途上国には天然資源を豊富に保有せず，有能な人的資源にも乏

第5章　開発問題の歴史的展開—南北問題の変容と新興国の台頭— ○—— 49

しい諸国が少なからず存在した。そうした諸国では，石油危機の影響で高価な原油の輸入を余儀なくされ，さらにそれに追い打ちをかける形で，世界経済の低迷による輸出不振に陥った。すなわち，資源をもたざる発展途上国では，資源ナショナリズムが恩恵どころか不利益をもたらすという皮肉な結果に陥った。こうして，発展途上国では，顕著な経済実績をあげる新興工業国とあげられない諸国との間で二極分化が発生した。

後発開発途上国

　南南問題における貧しい発展途上国を代表するのが，後発開発途上国（LDC, Least Developed Countries）である。発展途上国は Less Developed Countries ないし Developing Countries と表記されるので，Least Developed Countries というのは発展途上国の中でも最も開発が遅れている諸国ということになる。LDC が開発問題の中で登場するのは 1971 年になってからである。

　LDC の定義は何度か改訂されている。最初の定義（①1 人当たり GDP（国内総生産），②GDP に対する製造業の比率，③成人識字率がそれぞれ基準以下であること）は，工業化が経済発展の唯一の方法であるという開発思想が支配的であったため，工業化の進捗がきわめて遅れていることが重視された。しかし，現在では，開発の持続可能性が重要視され，①1 人当たり GNI，②人的資産指数（Human Asset Index）（HAI は人的資源開発の程度を表す総合的な指標であり，成人識字率，栄養失調の人口，5 歳未満の死亡率，中等教育の就学率が含まれている），③経済脆弱性指数（Economic Vulnerability Index）（EVI は経済の脆弱性を示す総合的な指標であり，人口，輸出商品の集中度，財・サービス輸出の不安定度，自然災害の犠牲者数，海岸線沿いの低地に居住する人口などが含まれている）の 3 つの観点から総合的に判断が下されている。なお，1971 年に公表された最初の LDC 諸国は 25 カ国であったが，2014 年には 48 カ国に増加しており，そのうち 34 カ国はサブサハラアフリカに分布している。

　LDC の年平均経済成長率は，1960 年代では 0.9％以下，1970 年代になると 0.6％以下でしかなかった。なぜ LDC はその他の発展途上国と同様の経済実績をあげることができなかったのだろうか。それは，さまざまな要因が複合的に

絡んだ結果であるといえる。主なものを挙げると，①一次産品価格の低迷，②石油危機からの打撃，③独裁政権の失策，④天候不順による干ばつなどである。

　このLDC問題については，すでに1960年代半ばに指摘がされていた。それは第1回UNCTAD総会（1964年）の場においてであった。しかし，こうした諸国をLDCに分類して，特別な措置を講じる必要性があるというコンセンサスを得るまでに時間がかかり，LDCに関する議論が開始されるのは，第2回UNCTAD総会（1968年）まで待たなければならなかった。その後，LDCに対するとり組みが始まったが，LDCリストから離脱した諸国はわずか4カ国でしかない。それらの諸国は，ボツワナ（1971年指定, 1994年離脱），カーボベルデ（1977年指定, 2007年離脱），モルディブ（1971年指定, 2011年離脱），サモア（1971年指定, 2014年離脱）のみである。

新興工業国の登場

　LDCとは対照的に経済発展が著しい発展途上国は，1970年代末になると新興工業国家群として注目を集めるようになった。これらの諸国はNICs（Newly Industrializing Countries）と当初は呼ばれたが，中立的な表現が望ましいとの政治的な配慮から，新興工業経済群（NIEs, Newly Industrializing Economies）と改称された。

　NICsという用語が初めて使用されたのは1979年に公刊されたOECDの報告書（OECD (1979) *The Impact of the Newly Industrializing Countries on Production and Trade in Manufactures*）の中であるとされている（涂照彦（1988）『NICS　工業化アジアを読む』講談社現代新書, p.17）。この報告書では，アジア（韓国, 台湾, 香港, シンガポール），ラテンアメリカ（メキシコ, ブラジル），ヨーロッパ（ポルトガル, スペイン, ギリシャ, ユーゴスラビア）の計10カ国・地域がNICs（以下では，NIEsに統一する）として分類されている。

　OECDはNIEsを次のように定義した。それは，①1人当たり実質国民所得の伸びが先進国のそれを上回り，双方の間の所得格差が急速に縮小していること，②全雇用に占める工業部門の雇用の割合が拡大していることである（表5

第5章 開発問題の歴史的展開―南北問題の変容と新興国の台頭― 51

表5-1 NIEsにおける所得上昇と工業化の進展

	1人当たり実質国民所得の対米比較 (米国=100)		全労働力に占める工業部門の割合 (%)	
	1963年	1976年	1960年	1980年
韓　国	9.3	19.9	9	29
台　湾	14.4	23.7	―	―
香　港	20.2	34.9	52	57
シンガポール	23.0	42.4	23	39
ブラジル	21.8	31.1	15	24
メキシコ	23.8	25.4	20	26
ギリシャ	28.7	44.9	20	28

（注）実質所得についてはOECD報告書に，労働力については世銀報告書にそれぞれ基づく。
（出所）OECD（1980）『OECDレポート　新興工業国の挑戦』東洋経済新報社，p.38および世界銀行（1984）『世界開発報告1984年版』より作成。

-1を参照)。つまり，急速な工業化が経済実績につながっている一部の発展途上国がNIEsとみなされたのであった。世界におけるNIEsの工業生産高の割合は着実に拡大し，それは製品輸出の拡大にもつながった。そして，NIEsの輸出先は発展途上国中心から，先進国中心へ転換していった。例えば，アジアNIEsでは1963年には輸出の50％（韓国）から100％（シンガポール）が発展途上国向けであったが，1976年になるとその割合は最大50％（シンガポール）に低下した。

それに応じて，OECD諸国におけるNIEsからの輸入品の構成に変化が生じた。OECD諸国の主要輸入品の中でNIEsからの輸入割合が10％を超える品目は，1963年には衣類と木材製品であったが，1977年になると電気機械，繊維，皮革製品になった。NIEsは工業化の初期段階では衣類などの労働集約的な標準化商品を生産・輸出したが，その生産がピークを越えると，鉄鋼，造船，自動車などの資本集約的な工業製品の生産・輸出に次第に乗り出した。これは，雁行形態論が教えるように，生産立地の国際展開にNIEsが組み込まれ

たことを意味した。その結果として，かつて発展途上国と宗主国との間で成立していた垂直的国際分業がNIEsとの間では水平的国際分業に変わっていった。

しかし，OECD報告書はこれらの10カ国・地域が同じように発展を遂げていくとは捉えていなかった。すなわち，外向き政策を展開する韓国，台湾，香港，シンガポールと比較すると，内向き政策を指向するメキシコとブラジルは経済発展の将来性に懐疑的であるとの見解が示されていた。

▍累積債務問題の勃発

経済発展のために必要な資本が国内でまかなえない場合には，外国から借り入れることができる。しかし，それは返済能力が確保できることが前提となり，その当てがないのに借り入れを継続すると返済不能に陥る。つまり，累積債務問題の勃発である（詳細は第13章を参照のこと）。

このような累積債務問題が現実となったのが，1982年8月のメキシコによる債務不履行（デフォルト）宣言である。すなわち，過大になった債務を返済しきれずに，債務返済を停止すると一方的に宣言したのである。結局，累積債務問題に陥った諸国は，1990年代半ばにようやくすべての債務の返済の目途がつくまで，自国の経済・社会開発を後回しにして，債務返済に集中しなければならなかった。そのため，累積債務問題が勃発して，その終息宣言が出されるまでの10年間を「失われた10年」と呼ぶこともある。

南側諸国は，1950年代から70年代にかけて結束を固めて先進国に対する交渉に対処してきた。しかし，工業化の進展が著しいアジアNIEsの台頭，債務危機の処理に拘泥するラテンアメリカ諸国の没落，後発開発途上国の低迷という南南問題の結果として，南側諸国の結束は急速に緩み始めることになった。

第2節　東西冷戦の終結と開発問題への新たなとり組み

▍東西冷戦の終結

戦後始まった東西冷戦は，1989年に終結を迎えた。冷戦が始まった当初は，

第5章 開発問題の歴史的展開―南北問題の変容と新興国の台頭― ○── 53

局所的には朝鮮半島やベトナムで熱戦が繰り広げられ，1962年のキューバ対立では核戦争の瀬戸際に世界は立たされた。しかし，東側陣営内での対立が発生し，1969年には中ソ武力衝突が勃発する一方で，西側と東側の接近も見られた。それは米ソの接近による緊張緩和（デタント）の時代への突入，そして，1972年のニクソン米大統領の訪中と米中の国境樹立であった。その後，1979年におけるソ連のアフガニスタン侵攻によって，東西対立は再び激化し，レーガン米大統領はソ連を「悪の帝国」と呼んだ。

しかし，書記長に就任したソ連のゴルバチョフはペレストロイカ（改革）とグラスノスチ（情報公開）を導入した。このことがソ連における社会主義体制の自由化を導き出し，1989年12月に，ブッシュ大統領とゴルバチョフ書記長がマルタ会談において東西冷戦の終結を宣言するに至った。これにより，戦後の国際政治と世界経済を特徴づけた東西冷戦と南北問題という単純な対立の構図は，東西冷戦の終結，南南問題の発生によって，多極化の時代を迎えることとなった。

▍社会主義国の市場経済化

1917年から1950年の間に世界人口の3分の1に相当する諸国が社会主義計画経済を採用した。しかし，1989年になると，これらの諸国は社会主義経済を放棄し，市場経済を導入することとなった。これらの諸国のことを移行経済諸国という。

計画経済下にあって，これらの諸国はそれなりの実績はあげた。工業化を推進し，工業生産高を引き上げ，基礎的教育の普及を図った。しかし，時間が経つにつれてほころびが出始め，その実績を上回る弊害が顕在化した。すなわち，重工業が重視される一方，消費財産業の発展は遅れた。さらに，生産された消費財の質は西側諸国と比較してきわめて劣悪であった。また，投資が積極的に拡大されたが，収益率は低下し続けた。その結果として，経済成長率は継続的に低下し，ソ連では，1960年代の年平均7％から，70年代の5％へ，そして，1980年代の2％へと低下し続けた。平均余命も1966年から1980年にかけて縮まった。中国でも，毛沢東体制の下での「大躍進政策」の失敗で生産

性が大きく低下して大飢饉が発生，続く文化大革命によって経済と社会が大きく荒廃した。ベトナムは戦災からの復興が急務であった。いずれの社会主義国も生産性の低下と生活水準の低迷が顕著であった。したがって，経済改革が急務であった。

1989年に東西冷戦が終結すると，これらの諸国は経済体制を社会主義計画経済から市場主義経済へと大転換することとなった。基本的な政策は，価格統制の撤廃，貿易の自由化，国営企業の民営化であった。しかし，その進め方には2つの相反する方法がとられた。

1つはショックセラピーである。これは，計画経済を市場経済へ一気に置き換える方法である。急速な価格自由化と貿易の自由化，為替管理の撤廃，国営企業の民営化，独占企業の廃止，会計基準・税制・法制・金融部門・公務員制度改革も合わせて行う。すなわち，体制移行にともなう困難な期間は最小限にとどめるという考えであった。1990年におけるポーランドを皮切りに，中東欧で始まった。

しかし，すべての改革が同じスピードで進行するわけではない。民営化は数年かかる。大企業の統治機構改革はもっと時間がかかる。市場機構を支える法制度や金融制度は十年単位の課題である。したがって，ショックセラピー政策推進の結果として，これらの諸国は深刻な経済危機に陥った（表5－2を参照）。

2つめは漸進主義的改革である。これは，段階的かつ選択的に計画経済から市場経済への移行を進める方法である。この代表例は中国である。1978年，鄧小平が改革開放政策を始めた。まず，農村部から改革を開始，生産請負制が導入され，生産割当を超過した分は自由市場での販売が認められた。さらに，非国有工業部門の発展を認め，郷鎮企業が発生した。1984年になると，改革は都市部に拡大し，請負経営責任制が導入され，これが企業の生産意欲を拡大した。また経済特区が設置され，外資導入が積極的に行われた。貿易，外国投資に対する規制が緩和され，さまざまな制度改革が実行された。

表5-2 移行経済諸国の経済実績

	年平均GDP成長率 (%)		年平均インフレ率 (%)		1人当たりGDP (2005年価格ドル)	
	1989-95	1994-95	1989-95	1994-95	1990	1995
ポーランド等 (1)	-1.6	4.3	106.0	18.7	4,727	5,198
ブルガリア等 (2)	-4.2	4.0	149.2	59.0	2,864	2,602
ロシア等 (3)	-9.6	-12.5	466.4	406.8	5,685	3,535
ウクライナ等 (4)	-6.7	-11.4	809.6	1,176.5	2,641	1,277
中　国	9.4	11.0	8.4	20.6	463	778
ベトナム	7.1	7.9	114.8	13.2	301	410

(1) ポーランド，スロベニア，ハンガリー，クロアチア，マケドニア，チェコ，スロバキア
(2) エストニア，リトアニア，ブルガリア，ラトビア，アルバニア，ルーマニア，モンゴル
(3) キルギス共和国，ロシア，モルドバ，アルメニア，グルジア，カザフスタン
(4) ウズベキスタン，ウクライナ，ベラルーシ，アゼルバイジャン，タジキスタン，トルクメニスタン
1人当たりGDPについては最左欄に表記の各国の値のみを示す。
(出所) World Bank (1996) *World Development Report 1996*, Oxford University Press, p.18 および世界銀行データベースより作成。

東アジアの奇跡

　社会主義圏の崩壊とそれにともなう経済の大混乱とは対照的に，東アジアの諸国は目覚ましい経済実績をあげていた。そこに目をつけて，世界銀行は報告書 (World Bank (1993) *East Asian Miracle*, Oxford University Press) で，東アジア諸国の経済発展の軌跡を「東アジアの奇跡」と象徴的に呼んだ。

　これらの東アジアの諸国はすでに1960年代から目覚ましい経済発展で発展途上国の中で頭角を現しており，1970年代末には，NIEsと称されていた。特にアジアNIEsとされた韓国，台湾，香港，シンガポールは共通する文化的特徴から「4匹の虎（あるいは4匹の龍）」と総称されることもあった。

　世界銀行は，この「4匹の虎」に，インドネシア，マレーシア，タイ，日本を加えた8カ国・地域を高実績アジア経済 (High Performing Asian Economies, HPAEs) と名付けて，その原動力について分析した。HPAEsの経済実績は，1

人当たり実質所得の伸び率がきわめて高く，また，その急速な経済発展からの果実が国民に広く分配されて，所得格差の縮小につながったことが大きな特徴である（表5-3を参照）。例えば，貧困線以下の人口は1970年代を通じて20から30ポイントも縮小した。工業化と引き替えに，農業の相対的な重要性は逓減したが，農業生産高と生産性は上昇した（1965年から88年の間に，東アジアの農業生産性は2.2％伸び，これはその他の地域を上回る実績であった）。工業化は輸出向け製品の製造に力が注がれたため，世界輸出に占めるHPAEsのウェイトは飛躍的に拡大した（1965年の1割強から1990年には6割弱に拡大）。また，経済発展

表5-3　HPAEsとその他の諸国との経済実績の比較

	1人当たりGDP（2005年価格ドル）				平均余命（歳）		人口成長率（％）	
	1965	1995	増加倍率（倍）（1995/1965）	年平均伸び率（％）（1965-1995）	1965	1995	1965	1995
日　本	10,359	32,942	3.2	3.9	70	80	1.1	0.4
韓　国	1,718	12,142	7.1	6.7	57	73	2.5	1.4
台　湾	1,251	12,879	10.3	8.1	—	—	3.2	0.8
香　港	4,721	21,072	4.5	5.1	70	79	2.6	2.0
シンガポール	2,838	20,980	7.4	6.9	67	76	2.4	3.0
東アジア平均	175	880	5.0	5.5	52	69	2.5	1.3
ラテンアメリカ平均	2,504	4,202	1.7	1.7	58	70	2.8	1.7
南アジア平均	248	463	1.9	2.1	46	61	2.3	2.0
サブサハラアフリカ平均	753	728	1.0	-0.1	42	50	2.5	2.7
後発開発途上国平均	323	302	0.9	-0.5	43	54	2.5	2.7

（注）台湾の1人当たりGDPは2006年価格米ドル，後発開発途上国の1人当たりGDP増加倍率および伸び率は1982年から1995年でそれぞれ算出。東アジアには東南アジアと太平洋諸国が含まれるが，発展途上国のみである。サブサハラアフリカも発展途上国のみである。
（出所）世界銀行データベースおよびTaiwan National Statisticsより作成。

第5章 開発問題の歴史的展開―南北問題の変容と新興国の台頭― 〇── 57

は社会開発の分野にも及び，平均余命は上昇した。

　この東アジアの奇跡の原動力は何であったのか。世界銀行の報告書では，第1に，物的資本と人的資本の蓄積，第2に，健全な開発政策の実施，第3に，政府による経済活動への体系的かつ組織的な介入を主な原動力として挙げている（詳細は第7章を参照）。こうした介入は自由競争を妨げるものではあるが，HPAEsについては，この選択的な産業の推進が高度経済成長に結びついたと世銀報告書では結論づけている。

▎アジア通貨危機

　顕著な経済発展を遂げてきた東アジア諸国では，1990年代後半に突然，経済活動が失速状態に陥った。アジア通貨危機の勃発がその引き金であった（詳細は第13章を参照のこと）。

　アジア通貨危機は，1997年7月にタイで勃発した。タイ・バーツの対ドル為替相場が大暴落し，それにより，タイ経済は大混乱に陥った。その影響はタイだけにとどまらず，連鎖反応のように，隣国のマレーシアやインドネシアに飛び火し，国内景気にブレーキがかかった。さらに，韓国においてもウォンの対ドル為替相場が暴落した。自国の為替相場の暴落は景気後退につながったため，株価の暴落にもつながり，1998年の経済成長率はマイナスを記録した。タイ，マレーシア，インドネシア，韓国の4カ国がアジア通貨危機からの影響が最も深刻であったが，それ以外の東アジア諸国も程度の差はあれ，為替相場の変動（特に下落），株価の下落，景気後退を経験した。

第3節　新興国の勃興

▎BRICsとは

　21世紀に入ると，これまでの世界経済の発展の歴史の中では主役を演じてこなかった新興国が脚光を浴びるようになった。それがBRICsである。

　BRICsとはブラジル，ロシア，インド，中国の経済発展が著しい新興の4カ国の総称である。南アフリカ共和国（大文字のS）を追加して，BRICSと表記

表5-4 先進国とBRICsの経済規模の比較（2000年）

	世界GDP比 （名目ドル）		世界GDP比 （購買力平価，ドル）		割合の変化 (2) - (1)
	割合(%)(1)	序列	割合(%)(2)	序列	%ポイント
アメリカ	33.13	1	23.98	1	-9.15
日本	15.83	2	7.99	3	-7.84
ドイツ	6.25	3	5.01	5	-1.24
英国	4.71	4	3.43	7	-1.28
フランス	4.29	5	3.51	6	-0.78
中国	3.59	6	12.59	2	9.00
イタリア	3.58	7	3.38	8	-0.20
カナダ	2.33	8	2.17	11	-0.16
ブラジル	1.96	9	2.92	9	0.96
メキシコ	1.91	10	2.14	12	0.23
インド	1.58	12	5.06	4	3.48
ロシア	0.82	15位圏外	2.70	10	1.88
G7	70.0	—	49.0	—	-21.0
BRICs	7.95	—	23.27	—	15.32

（出所）O'Neill, J. (2001) "Building Better Global Economic BRICs," *Global Economics Paper* No.66, Tables 1&2 より作成。

する場合もある。そもそも，この造語が登場したのは，当時のゴールドマン・サックスのオニール（J. O'Neill）が2001年に同社の投資家向け報告書で使用したことがきっかけである（Jim O'Neill (2001) "Building Better Global Economic BRICs," *Global Economics Paper* No.66）。同氏はこの報告書において，10年後のG7諸国と新興国との経済関係を再検討すると，BRICsの相対的な経済力の拡大が顕著になることから（表5-4を参照），BRICsは国際経済政策調整の枠組みに正規メンバーとして加わるべきであると主張した。

ゴールドマン・サックスは2003年に別の報告書（Dominic Wilson & Roopa

第5章 開発問題の歴史的展開―南北問題の変容と新興国の台頭― ○── 59

Purushothaman (2003) "Dreaming with BRICs : The Path to 2050," *Global Economics Paper* No.99) を公表し，そこでは，今後50年間で，世界経済の構図は激変するであろうという前提に立って，2050年までのBRICsの経済成長を分析した。それによると，2040年までにBRICsはG6（アメリカ，日本，ドイツ，英国，フランス，イタリア）を追い抜くことが示された。一方，中国のみをとり上げると，同国は日本を2016年までに，アメリカを2039年までに追い抜くとされた。実際のところ，予測より6年も早い2010年に中国は日本を追い抜いた。その結果，2039年の経済大国は，1位にアメリカ，2位に中国，3位にインドで，4位に日本，5位にロシア，6位にブラジルになると予測している。すなわち，G7（ただしアメリカを除く）とBRICsの立場が逆転するとしたのであった。

▎南アの位置づけ

ところで，ゴールドマン・サックスは南アフリカをどのように扱ったのか。南アフリカについては2003年の別のレポート（"South Africa Growth and Unemployment," *Global Economics Paper* No.93）で論じられている。それによると，経済成長に望ましい環境が維持されるという前提を置けば，年平均5％の経済成長率が維持できるとしている。しかし，2003年のゴールドマン・サックスの"Dreaming with BRICs"論文と同じ分析枠組みを適用して将来予測をすると，今後50年間の南アフリカの年平均成長率は3.5％となり，2050年時点では，南アフリカの経済規模（US$12億）は，BRICsの中で経済規模が最も小さいロシア（US$59億）よりも相当小さいと見積もられている。したがって，現実には南アフリカも含めてBRICSとされてはいるものの，ゴールドマン・サックス報告書は南アフリカをBRICSと同列には扱わないと判断している。

▎リーマンショック後のBRICs

ゴールドマン・サックスの一連の報告書において，BRICsの勢いは他の諸国を凌駕するほど力強いものとして印象づけられた。しかし，2012年末頃から，「しぼむBRICsの夢」（『日本経済新聞』2013年5月27日）など相次いでBRICs経済の減速に関する新聞報道が出された。

2008年のリーマンショックは世界経済を不景気に陥れた。ほとんどの諸国もこの影響を免れることはできず，BRICsも例外ではなかった。しかし，このショックの影響が少なくなってからも，BRICsの景気は回復するどころか，悪化しているというのである。これまでの頼みの綱であった資源価格が低迷しているため，ブラジルやロシアの景気が浮揚しないのである。

　インドと中国でもマクロ経済事情の悪化が懸念されている（上原秀樹（2014）「インドのマクロ経済と中所得国の罠」下渡俊治・上原秀樹編『インドのフードシステム』筑波書房, pp.34-36）。インドでは，民間消費のGDP比がきわめて高水準であったが，その水準が逓減して今や6割を割っている。景気刺激のため，インドの中央銀行は利下げを数度行ったが，そのことがかえって自国通貨安を招き，輸入価格を押し上げて，国内のインフレを助長するという悪循環に陥っている。さらに，財政赤字が慢性化し，経常収支も赤字に陥っている。依然として高水準の経済成長率が維持されている中国でも，民間消費のGDP比が継続して逓減しており（今や4割台を下回っている），GDP比でほぼ5割水準に達している資本形成によって景気を下支えしている状況である。経常収支は黒字ではあるものの，過剰投資がマクロ経済に及ぼす影響が懸念される。

第6章
開発問題への理論的アプローチ
―初期の理論的枠組みからの展開過程―

第1節　初期の開発理論

▎経済発展段階説

　発展途上国の経済発展のメカニズムを説明する理論的枠組みは，当初の開発思想が単純であったのと同様に，理論的なメカニズムもまた単純かつ直線的なものであった。初期の開発モデルの1つは経済発展段階説と呼ばれるものである。

　この経済発展段階説は経済史家であるロストウ（W.W. Rostow）によって生み出された。ロストウはヨーロッパの経済史の研究に基づいて，世界の諸国における近代史の展開過程を一般化することを試みた。この理論の趣旨は，すべての諸国は1つの経済発展の階段を一歩ずつ歩むがごとく進行していくようなものということである。

　経済発展段階説では，経済発展の段階は5つに分けられている。最初の段階は「伝統的社会」である。これは近代化以前の段階であり，農業中心の自給自足社会である。社会階層が固定しており，階層を越えた移動がなく，人々の生活の基本は家族や氏族という紐帯であり，それを固守することが価値基盤となっている。絶対的君主が武力で領民を統治する封建社会がこの段階にあたる。ロストウは世界のすべての諸国がこの段階からスタートすると想定した。

　次の段階は「離陸のための先行条件期」である。この段階は近代技術の登場とそれを活用して生み出される富の獲得に特徴づけられる。近代技術は古い生

産技術を代替し，収穫逓減を克服する。輸送網や通信などのインフラ整備のための投資が行われ，経済圏が拡大し，外国との通商が盛んになる。こうして，富が蓄積されると貯蓄への動機が生まれ，銀行制度なども生み出される。しかし，依然として古い社会構造や価値観も根強く残存している。

　経済発展の道程における分水嶺が「離陸」である。この段階では，農業は商業化し，生産性が向上する。また，工場が生み出した利潤は再投資され，人々の所得が増大する。こうした状況が10年，20年継続すると，経済・社会・政治の諸構造が大きく転換することになり，結果として，経済成長に対して障害となり得るような古い制度や価値観などが克服される。したがって，その後は着実な経済成長が見込まれる。

　では，「離陸」に進むための条件は何か。ロストウは3つの条件を提示している。それは，①投資率（国民所得に占める投資の割合）が従来の5％程度の水準から10％以上に上昇すること，②少なくとも1つの製造業部門が高率で成長し，一国経済を牽引すること，③経済成長を促す政治的，社会的，制度的条件が備わっているか，それらが急速に形成されつつあることである。この見解に

表6-1　世界主要国の離陸期

国　　名	時　　期
英　　国	1783年—1802年
フランス	1830年—1860年
アメリカ	1843年—1860年
ド イ ツ	1850年—1873年
日　　本	1868年—1890年
ロ シ ア	1890年—1914年
中国，インド	1952年以降※

(注) 中国とインドについては，表で記された時期に離陸期にあったというよりは，離陸の条件に適った状況であったということを示している。
(出所) W.W.ロストウ (1961)『経済成長の諸段階』ダイヤモンド社, p.52より作成。

よると，世界でいち早く離陸に到達したのは英国で，日本は明治維新の頃であった（表6-1を参照）。

その後の「成熟への前進」では，常に国民所得の10から20％の投資が維持され，工業の重点は機械産業や化学産業へシフトしていく。そして，「高度大衆消費時代」に到達すると，社会の関心は，供給から需要へ，生産から消費へ，すなわち福祉の充実へと移っていく。そして，一国経済は，①対外的な勢力と影響力の追求，②市場機構では達成できなかった人間的・社会的目標を国が介入することで実現（所得再分配政策など），③基本的な衣食住を超える高い消費水準への到達の3つの方向性を目指すことになるとしている。

このように経済発展段階説は直線的な経済発展のメカニズムを提示し，発展途上国から先進国化するための条件を具体的に示した点で，その当時は画期的であった。その条件とは投資率がある一定水準に到達することであったが，このことは経済発展には工業化の推進が不可欠であるという当時の開発思想を如実に反映したものであった。

しかし，この理論はわかりやすい反面，さまざまな非現実的な前提があった。例えば，この理論では，すべての諸国が経済発展のための唯一の階段を上ることが求められるが，人口や面積，資源の賦存状況，自然条件，民族構成など諸国は必ずしも同じ特徴を共有していない。そういう中で，果たしてすべての諸国が工業化の推進だけを考えるのでよいのかどうか。また，一定の投資率に到達することに専念することで経済発展が実現できるとはあまりに単純すぎるという指摘もできる。実は，経済発展段階説とアプローチはまったく異なるが，類似した指摘をするもう1つの理論が存在した。次にそれを紹介しよう。

ハロッド＝ドーマー型成長理論

この理論は経済成長のメカニズムを世界で初めて経済学的に示したものである。この理論は，まず1930年代末にハロッド（R. Harrod）が基本的な見解を表し，1940年代半ばにドーマー（E. Domar）が改良したので，両者の名前にちなんでハロッド＝ドーマー型成長理論，あるいは，ハロッド＝ドーマー・モデルと呼ばれている。この理論は，経済成長にはいかなる要素が深く関係してお

り，高い経済成長率を達成するにはどの要素に注目しなければならないのかを示している。

ハロッド＝ドーマー型成長理論では，通常の経済活動を維持するだけでも減耗した資本を新たなもので継続して代替していかなければならないことから，経済成長を志向するのであれば資本ストックが純増するような追加投資が必要不可欠であると考える。そこで，国民所得と資本ストックとの関係に注目して，その関係をモデル化した。それが以下で示される式である。

$$\frac{\Delta Y}{Y} = \frac{s}{k}$$

Y：国民所得
s：貯蓄率
k：資本・産出高比率

資本・産出高比率（資本係数ともいう）（k）は定数と仮定されるため，この式は，左辺の従属変数である経済成長率は，右辺の独立変数である貯蓄率（s）のみによって説明されるということを意味する。すなわち，経済成長率を引き上げるためには（工業化を通じて経済発展を実現するためには），発展途上国は貯蓄率を引き上げさえすればよいということになる。

では，貯蓄率をどの程度まで引き上げればよいのか。それは定数として与えられる資本・産出高比率がいかなる水準であるかを知ることが大切である。資本・産出高比率とは，産出高1単位を得るために必要とされる資本の投入量を示すものである。この値は国により異なるし，産業によっても異なるものであるが，高度経済成長の真っ只中にあった1960年の日本の資本・産出高比率は1.66であり，その他の先進国ではおおよそ2から3の間であった（庄田安豊(1975)「先進国の資本ストック」『日本経済研究』p.99）。

そこで，資本・産出高比率を2と想定してハロッド＝ドーマー・モデルの方程式に代入し，高水準の経済成長率を達成するのに必要な貯蓄率を算出してみよう。そうすると，5％の経済成長率を達成するためには，資本・産出高比率が2であるため，10％の貯蓄率が必要ということになる。しかし，顕著な経済発展とは例えば10％近い経済成長率を維持し続けているという状態である。そのため，10％の経済成長率を達成するには何％の貯蓄率が必要か計算しよ

う。上式に経済成長率および資本・産出高比率を代入すると、必要な貯蓄率は20％ということになる。

　果たして、20％もの高水準の貯蓄率を達成することが発展途上国には可能であろうか。1970年代に注目を集め始めたアジアNIEsは20から50％の貯蓄率を達成していた。また、このような高率な貯蓄率を達成できない場合には、開発援助資金や民間資金を導入することによって不足分を補うことで達成することも可能であった。したがって、発展途上国にとって実現できない水準ではなかった。

　このように、ハロッド＝ドーマー型成長理論は経済開発の促進には高い貯蓄率を達成する必要があることを明らかにした。それは、分析手法はまったく異なるが、ロストウが主張した高い投資率を実現するということと実質的に同じ主張であった。しかし、ハロッド＝ドーマー型成長理論も経済発展段階説と同様に、発展途上国の多様性を捨象しており、現実への適応可能性としてはかなり無理のある議論であった。

第2節　構造論的アプローチ

▍二重経済発展理論

　二重経済発展理論は、発展途上国の経済を都市と農村に二分して、両者の経済構造面における相互関係に注目して一国の経済発展の過程を説明したものである。

　この理論は1950年代にルイス（A. Lewis）が基本的な考え方を生み出し、その後、フェイ（J. Fei）とレニス（G. Ranis）がルイスの考え方を精緻化した。なお、ルイスはこの業績で1979年にノーベル経済学賞を受賞している。

　このモデルはまず一国を農村部門と都市部門に二分して考える。これらの部門の特徴は図6-1に示されている。まず、農村部門は全人口の7から8割を吸収し、人口過剰な状態である。主要産業は自給自足の農業しかなく、農業の機械化は限定的であり、一家総出で農作業に当たる。耕作地は狭いのに対して、就労農民数は多いので、1人当たり農業生産高（すなわち労働生産性）はか

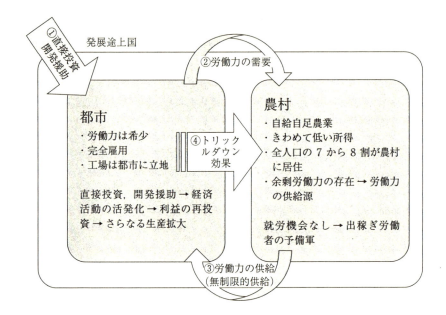

図6-1 二重経済発展理論の模式図

なり低い。この1人当たり生産高は人間が生命を維持する最低水準に準じる程度でしかなく、「制度的賃金水準」ともいう。したがって、農村部門には必要以上の労働力が存在している、つまり、余剰労働力が発生しているのである。

一方、都市部門における主要産業は工業であり、居住者の大半は工場労働者である。開発援助プロジェクトで経済インフラが整備され、直接投資を通じて工場が新設されると、新たな就労機会が創出される。しかし、都市部門では労働力が希少であり、新規雇用に対応するのが困難な状況であると想定されている。

このような前提条件の下で、開発援助と直接投資によって都市部門で工業化が推進されると（図6-1の①）、このことが農村部門と都市部門との間にいかなる影響を及ぼすのかということについて、この理論は説明している。それによると、工業化への新規投資による雇用創出は、農村部門に対する新たな労働力需要を発生させる（図6-1の②）。これに対して、農村部門には余剰労働力

が存在しているため，労働力の供給源としての役割が発揮できる。また，農村居住者の賃金水準は制度的賃金という生存最低水準に抑えられているため，工場労働者の賃金をそれよりも若干高めに設定すると，農村から都市へ出稼ぎ労働者が一気に移動することになる。この現象を二重経済発展理論では「無制限的な労働供給」と呼んでいる（図6-1の③）。

その結果として，都市部門において工業生産高が増大し利益が上がると，その一部を生産能力の拡大のために投資することによって，さらに工業生産高が増大する。こうして生み出された富のうちの一部は，工場で労働する出稼ぎ労働者の賃金に割り振られ，彼らは賃金の一部を農村部門に居住する家族へ送金する。こうして，工業化により都市部門が先に豊かになり，その後，送金を通じて農村部門にも富が浸透していく（図6-1の④）。これはトリックルダウン効果と呼ばれる現象である。

この理論は経済発展のメカニズムを発展途上国の実情に即した形で経済学的に説明した画期的なものといえる。しかし，このモデルにも限界がある。第1に，都市部門における資本蓄積およびそれを基にする投資が，雇用増大には必ずしもつながらない。むしろ，省力投資という結果になり得ることがある。第2に，都市部門では労働力が希少であり，完全雇用であると仮定しているが，それはあくまでもモデルにおける仮定であって，現実には都市部門においても大勢の失業者が存在している。第3に，農村部門に余剰労働力が存在する限り，都市部門はそれよりわずかに高い賃金水準で労働者を無制限的に雇用することが可能かということである。現実には，すべての労働者が工場労働者に適した者であるとはいえない。また，より高い賃金を求めて職場を転々と移り渡る労働者（ジョブホッピング）の存在が賃金上昇を引き起こしている。このように，二重経済発展理論は経済モデルとしては精緻化されているが，現実への適用可能性としてはかなり制約があるといえる。

従属理論

従属理論は，搾取する側とされる側，すなわち支配・被支配の経済構造関係に注目して，発展途上国が低開発にとどまっている原因を説明する理論であ

る。発展途上国の開発問題を扱う理論としてマルクス主義的見解から派生した理論である。従属理論の代表的な論者にはフランク（A. G. Frank）やアミン（S. Amin）などがいる。

　従属理論は発展途上国が低開発にとどまっている原因を究明するために，支配者と被支配者を世界経済あるいは発展途上国経済内において特定して，両者の関係を把握しようと努めている。まず，先進国と発展途上国との関係についてみると（図6-2を参照），従属論者は，資本主義世界は中心国と周辺国に二分されていると考える。そして，中心国が世界の中心に陣取り，周辺国はその周りを衛星のように取り囲んでいるとイメージする。両者の間には植民地支配からの解放後も不平等な関係が維持されており，中心国の多国籍企業が発展途上国で資源開発投資やプランテーション経営を行い，その利益の大半が周辺国から中心国へ吸い上げられるシステムが構築されているとする。したがって，こういうシステムが構築されている限り，発展途上国である周辺国は経済発展の機会を奪われると考えるものである。

　こうした関係は，発展途上国内にも構築されており（図6-2を参照），周辺国内には先進国の多国籍企業が展開し，それに現地のエリート集団や買弁集団

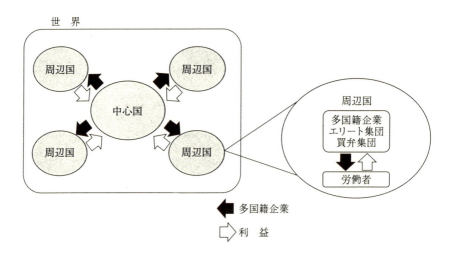

図6-2　従属理論の模式図

第6章 開発問題への理論的アプローチ―初期の理論的枠組みからの展開過程― ○── 69

が私利私欲の充足に専心し，多国籍企業と利益を共有する共同体のようなグループを形成している。これに対して，人口の大部分を占める労働者や一般大衆は多国籍企業に使用される側として搾取され，労働力の提供は執拗に求められるが，それに対する充分な対価を支払われない状況になっている。こうして，周辺国内の大多数の人々が貧困のままとどまっているのは，開発の利権を握っている一部の者が富を独り占めしているところにあると考えるのである。

このように，従属理論は，なぜ発展途上国は経済発展を促進することができないのか，その原因について説明し，それを発展途上国内部の要因に求めるのではなく，外部要因（すなわち多国籍企業，ないし，それと結託する現地のエリート・買弁集団）の存在に訴えたのであった。

しかし，この見解にも限界がある。第1に，従属理論は低開発の原因のみを追究し，いかにして開発を始動させるのかに関する具体的な言及を行っていない。第2に，資本主義世界との関係では，多国籍企業を介した先進国との国際貿易が発展途上国で生み出された利益を先進国へ吸い上げるシステムとして機能していることから，これを断ち切ることを示唆している。しかし，発展途上国が国際貿易に携わらないのであれば，内向き政策を採用するか，自給自足経済に戻るかという選択肢しか残されない。果たして，これでは発展途上国はどこに利益の源泉を求めるのか，従属理論は明確な回答を与えていない。

第3節　新自由主義アプローチ

▍新自由主義理論のエッセンス

1980年代に入ると，経済活動は市場機構に委ねるのがベストの結果を生むという主張が世界を席巻するようになった。これは，重商主義の時代が終わった19世紀の自由主義に対比させて，「新」自由主義の時代の到来と位置づけられている。

では，なぜ1980年代に入って，市場機構が改めて勢いを盛り返してきたのか。それは，第5章で触れたように，1970年代に放漫経営をしたラテンアメリカ諸国をはじめとした一部の発展途上国が累積債務問題に陥ったことと密接

に関係している。累積債務問題に陥った諸国は，ポピュリスト政権下で工業化を推進するために，外資系企業を国内から閉め出し，国営企業を新たに設立した。この国営企業はあくまでも現地市場に製品を供給することが主目的であったため，実績が上がらず，発展途上国政府には財政収支赤字と経常収支赤字だけが残された。したがって，この赤字を埋め合わせるために過大な債務を外国政府や金融機関に対して負った政府は，結局，返済不能に陥り，経済が破綻してしまったのであった。一方で，経済運営の劣等生としてのラテンアメリカに対して，顕著な経済発展を遂げていた優等生としてのアジアNIEsは，積極的な外資導入と外向き政策を採用して輸出拡大を実現し，富を蓄積していた。

そこで，新自由主義の観点から，債務危機に陥った諸国の問題点は何であったかが検証された。それによると，第1に，政府が介入を通じて人為的に価格を操作したこと，第2に，政府の過度の介入により経済資源が適切に配分されなかったことと結論づけられた。したがって，経済発展を導くためには，①国有企業の民営化，②自由貿易と輸出拡大，③外資の受け入れ，④規制緩和，⑤価格の歪みの排除などの諸政策を採用し，経済効率を向上させることが発展途上国の経済運営においても必要であると考えられるようになった。

すなわち，「最小の政府が最良の政府」という考え方が開発思想において支配的になったのである。もっとも，新自由主義理論においても，政府の介入を一切排除したわけではない。「マーケット・フレンドリー・アプローチ」という考え方が後に登場したが，この考え方は，民間企業に適した環境を整えるために，経済インフラや教育に政府が積極的に投資をしていくことは有効であると説いている。

ただし，ここでいう政府の役割とは，特定産業を利するような「選択的」な投資ではなく，政府の投資による恩恵が国内のすべての産業に行き渡るような「非選択的」な投資に限るとしている。この点が，ポピュリスト政権下で特定産業を優遇したラテンアメリカ政府の経済運営と比較して大きく異なる点である。

ソロー・モデル―外生的成長理論―

ソロー・モデルとは，1950年代にソロー（R. Solow）が表した理論である。これは経済成長を説明する要素を追加して，ハロッド＝ドーマー型成長理論を発展させたものであり，その結果として，新古典派成長理論の発展に大きく貢献したとされる。ソローはこの功績によってノーベル経済学賞を受賞している。

ソロー・モデルは，貯蓄率を経済成長の唯一の要素としたハロッド＝ドーマー型成長理論に，第2の要素として労働力を，第3の要素として技術水準を追加することによって3つの要素で経済成長の原動力を究明しようという考え方である。さらに，ハロッド＝ドーマー型成長理論が規模に関する収穫不変を前提としているのに対して，ソロー・モデルは資本と労働について収穫逓減を想定している。また，技術水準は所与として扱い，外生的に与えられるものとしている。そのことによって，ソロー・モデルは外生的成長理論と呼ばれることもある。この第3の要素は「ソローの残余」と呼ばれ，労働や資本のストックの短期的な増減では説明することができない経済成長の要素として捉えられ

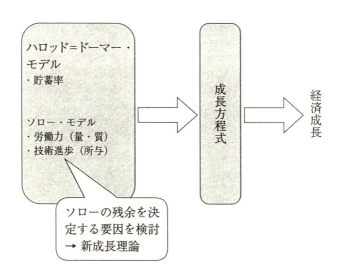

図6－3 ソロー・モデルおよび新成長理論の模式図

ている。

　これを模式図で示したものが図6-3である。左側の囲みにはハロッド＝ドーマー型成長理論の1つの要素にソロー・モデルの2つの要素が組み込まれている。これら3つの要素を成長方程式に放り込む（すなわち何らかの数値を代入する）と、経済成長率が結果としてはじかれてくるという仕組みである。これによって、以前よりもより現実的な経済成長のプロセスを説明することができるようになった。ソロー・モデルでは、例えば、貯蓄率が低い場合に経済成長を引き上げるには、閉鎖経済下では、労働力の質を上げることが必要であるが、開放経済下では、外資の受け入れにより、貯蓄不足を補うことができると政策的な示唆を与えることができた。

　しかし、ソロー・モデルには次のような限界がある。第1に、技術水準が残余として位置づけられていながら、さまざまな実証研究によって、先進国の経済成長を説明する要素の半分がこの残余によることが明らかになっている。しかし、ソロー・モデルではこの残余を主体的に分析することができない。第2に、技術水準が同じであろうとみなされる諸国間でも残余に差が存在している。第3に、発展途上国に対して経済開放を求めるのは、発展途上国では資本希少であることから投資収益率が高く、外資を引きつけることができると理論的に想定されたからであった。しかし、現実には外資を引きつけるのではなく、むしろ国内資本の逃避につながるという理論上の想定とはまったく逆の状態になった。

▌新成長理論—内生的成長理論—

　そこで、ソロー・モデルの限界を克服するために新たな理論が生み出された。それが新成長理論である。この理論は外生的であるとされた「ソローの残余」を決定する要素を検討して、それは生産過程を支配するシステムに内在するとしたことから、内生的成長理論とも呼ばれている。

　新成長理論が従来の新古典派成長論と異なる点は次の通りである。第1に、規模に関する収穫逓増を想定していること。つまり、政府による人的資本投資（例えば高等教育の拡充、職業訓練の推進など）、インフラ投資（例えば高速道路網建設、

港湾施設整備，発電所建設など），研究開発投資（例えば研究開発のための補助金，金融支援など）から得られるであろう収穫は次第に逓減する。しかし，新自由主義の下では，政府による投資はあくまでも非選択的に行うものである。したがって，投資から得られるであろう収穫は経済全体に広く行き渡るわけであり，仮に政府は内心では輸出産業の競争力向上を狙っていたとしても，その影響は他産業に及ぶことが十分に考えられる。これは外部効果である。したがって，この外部効果によって，収穫が逓減ではなく，逓増する場合も考えられるのである。

　この見解に基づくと，先進国と発展途上国との間の経済成長の違いはいかに説明できるのであろうか。投資収益率は，発展途上国（資本希少）の方が先進国（資本豊富）よりも理論上は高い。一方で，補完投資は，先進国の方が発展途上国よりも多い。すなわち，先進国の方が，過去に実施されたさまざまな投資のおかげで経営環境は発展途上国よりも相当整備されているといえる。したがって，先進国では投資収益率は相対的に低いものの，補完投資の蓄積によって経営環境が整っているため，民間企業は発展途上国よりも先進国に投資を行う傾向になると考えられるのである。その結果が発展途上国よりも先進国において高い経済成長率が実現していることにつながっているというのである。

　では，発展途上国はどのようにすれば高い経済成長を実現できるのか。それは外部効果を引き起こすような公共投資を積極的に推進し，補完投資を充実させることということになる。したがって，新成長理論では，経済成長を始動させるためには，ある程度の政府の役割を認めることになる。

　もっとも，この理論にも限界がないわけではない。それは，基本的に新成長理論も新古典派経済学の前提条件を踏襲していることである。すなわち，市場の完全性，情報の対称性，合理的な制度などである。したがって，こうした前提条件が十分に整っていない発展途上国では，新成長理論が教えることがそのまま通用するとは必ずしもいえないのである。

第7章
開発問題への理論的アプローチ
―市場メカニズムか，政府の役割か―

第1節　東アジアの奇跡とその原動力

▌東アジアの奇跡とアジアNIEs

　発展途上国の中でいち早く顕著な工業化の実績をあげ，NIEsとして位置づけられたのがアジアの韓国，台湾，香港，シンガポール，いわゆるアジアNIEsである。これらの4カ国・地域は「4匹の虎（ないし「4匹の龍」）」と呼ばれることもあった。同時期にNIEsとみなされていた一部のラテンアメリカ諸国は債務危機で経済が破綻したため，アジアNIEsの経済発展はことさら世界の注目を集めることになった。

　第5章ですでに論じられているように，1960年代半ば以降のアジアNIEsの経済発展は顕著であった。1人当たり実質所得の伸びはきわめて高く，その上，経済発展からの富は国民に広く分配され，国内における経済格差の縮小につながった。その目覚ましい経済発展は製品輸出の拡大によって牽引され，世界の輸出に占めるアジアNIEsの輸出割合は拡大した。また，工業化が進む中で，農業分野の発展も著しく，生産高が増加すると同時に，生産性も向上し，工業化を側面支援した。平均余命もさらに伸び，経済発展の恩恵は社会的側面にも浸透した。

　そこで，顕著な経済発展はなぜアジアNIEsに限定され，その他の発展途上国では実現しないのか，アジアNIEsがその他の発展途上国と異なる点はどこにあるのかということについて，さまざまな研究が開始された。その論調は大

第7章 開発問題への理論的アプローチ—市場メカニズムか，政府の役割か— 〇── 75

きく分けると2つに大別することができる。1つは新古典派主義の見解であり，もう1つは修正主義の見解である。これらの2つの見解はある1つの要素を巡って好対照の議論を展開した。以下で，この点について概説していこう。

▍新古典派論者の解釈

新古典派論者は東アジアの奇跡の原動力として3つの要素を特定した。それは，①比較優位品目への特化，②適正価格に基づく資源配分，③限定的な国家の介入である。これらの要素がよく機能していたために，国家による経済活動への介入で市場が歪められても，そうした状況は最小限に抑えられたため，良好な経済実績につながったとされている。

第1に，比較優位品目への特化についてみていこう。1950年代のアジアNIEsには誇れる生産要素としては勤勉で安価な単純労働者しかなかった。そこで外資を呼び込んで輸出向け軽工業製品の生産基地として発展した。その後，順調に輸出が伸び生産活動が軌道に乗るにつれて労賃が上昇し，安価な労働力という強みを継続して発揮することが困難になってきた。すなわち，軽工業が斜陽産業化し始めたのであった。一方で，これらの諸国・地域は人的資源投資に力を入れ，熟練労働者の供給が可能となってきた。そこで，1960年代から70年代にかけて，主要製造業分野が軽工業から重化学工業へとシフトした。すなわち，アジアNIEsは比較優位の変化に機敏に反応したというのである。

第2に，経済活動のための資源配分は適正価格に応じて行われたということである。順調な輸出の拡大によって引き起こされた好景気は，これらの諸国・地域の経済環境を変化させた。単純労働者の供給は減少する一方，資本蓄積が進み，技術水準も高まった。すなわち，生産要素の賦存状況が変化したのである。それによって生産要素の価格が調整されたことから，この価格変化に応じて各国・地域は新たな比較優位産業にシフトしていったというのである。つまり，国家の介入が新たな産業を主導したのではなく，価格のシグナルがそうさせたというのである。

第3の点は，アジアNIEsの政府は経済活動にある程度介入したが，それによって市場機構が歪められた程度は最小限に抑えられたということである。新

古典派論者によると，政府の介入は公共財の供給やマクロ経済の安定化に限定されていた。さらに，こうした措置はアジア NIEs が積極的な輸出政策に舵を切る前に行われていたことであり，政府の介入が顕著な実績を導いたわけではないとも述べている。

修正主義論者の解釈

　1990 年代に入ると，アジア NIEs における経済発展の顕著な実績を市場機構のみに求めるのではなく，アジア固有の要素にも求めるべきであるとする有力な研究成果が相次いで登場する。1 つは，1993 年に公刊された世界銀行の報告書『東アジアの奇跡』である。この報告書は顕著な経済実績の 1 つの要素として政府の役割を認めた。また，世界銀行のチーフエコノミストを務めたスティグリッツ（J. Stiglitz）も政府の機能の重要性について言及した。もっとも，これらの研究は政府の役割を認識しつつも，基本的には東アジアの奇跡は市場によってもたらされたと結論づけている。修正主義論者の見解はそれをさらに進めて，政府の主導的な役割を強調しようとするものである。代表的な論者としては，日本の高度経済成長と政府の役割を論じたジョンソン（C. Johnson）や韓国の経済発展と政府の役割について論じたアムズデン（A. Amsden），研究対象を東アジアの発展途上国全体に拡張したウェイド（R. Wade）らが挙げられる。

　ジョンソンは，政府は産業政策を通じて経済活動に介入し，民間企業に経済発展の方向性を示して，社会としての目標達成を主導してきたと強調する。しかし，その一方で，財政および金融措置の適時的な活用と業界団体への権限委譲などを通じて，経済活動における競争環境を保持することに努めてきた点も重要視している。アムズデンとウェイドはさらに強力な政府の役割について言及している。アムズデンは，後発国における経済発展は自由貿易と静学的な比較優位によって妨げられてしまうため，政府が銀行家と企業家の両方を担うことによって，意図的に価格を歪めて，工業化を促進したと論じている。アムズデンによると，そのために，政府は，民間企業に対して積極的に補助金を供与したが，その見返りとして，政府が定めた実績を達成することを民間企業に求めた。こうした政府と民間企業の相互性が急速な経済発展を実現した背景に存

在しているとしている。ウェイドも，経済発展に必要不可欠な経済資源の投入を政府が確保することを通じて，長期投資のリスクを社会化し，民間企業が投資から十分な利益を獲得できるように支援したことを強調している。市場機構に委ねておく場合よりも投資と産業発展の形態において異なる結果を引き出すために率先して政府は行動したと述べている。

このように，詳細な点では修正主義論者の中にも見解の幅は見られる。しかし，彼らに共通するのは，産業政策，金融および財政政策，そして，特に東アジアの発展途上国については労働政策の3つの観点から経済活動に対する政府の介入の重要性について論じていることである。ただし，経済活動に政府が介入したと言っても，社会主義経済とはまったく次元の異なる話であることには注意しておくべきである。経済活動の基盤はあくまでも市場経済である。

修正主義的観点から見た東アジアの奇跡の要因

次に，修正主義論者が特に注目した上記の3つの点から，アジアNIEs3カ国・地域（韓国，台湾，シンガポール）の経済発展の要因について概説していこう。

まず，これらの諸国・地域の政府は産業政策の策定およびその執行を通じて，経済活動の向かうべき方向を巧みに操作した。それは，①経済官庁による指揮，②国営企業の設立，③民間ビジネスの誘導，④アメとムチを通じた実績の確保のようなさまざまな方法を通じて実行された。経済官庁（韓国の経済企画院，シンガポールの経済開発庁）にはテクノクラートと呼ばれる優秀な官僚がそろい，中長期経済計画を立てて，国の経済発展の方向性を具体的に示した。そして，その計画で戦略部門と認定された工業分野にはまず国営企業が進出することが多かった。特に，装置産業である重化学工業分野ではそうであった（韓国のポハン総合製鉄（POSCO），台湾の電力，鉄鋼業，シンガポールの造船業など）。さらに，民間ビジネスも経済計画の一翼を担うことが期待された。そのため，戦略産業分野に参入する民間企業は，政府の手厚い財政措置や金融支援を受けることができた（特に韓国の財閥系企業）。ただし，優遇措置を受けた民間企業は実績（特に輸出実績）をあげることが求められ，目標を達成できない企業には支援が打ち切られる，あるいは，経営陣が逮捕されることもあった（韓国では大統領主

催の月例経済報告会に民間企業トップが出席することが求められたことから,輸出実績の達成に無言の圧力がかかったとされる)。

次に,金融財政政策を通じて,限られた資本が経済発展に有効に投入されるよう工夫された。それを実現したのは,①民間銀行の保護と規制,②政府系銀行の設立,③貯蓄の奨励のような措置であった。まず,政府は国内の銀行部門を厳しい規制下において保護した。外資系金融機関の参入はもとより,国内企業の新規参入も規制された。また,債券市場の発展に制限を加えた。それは,金融機関の乱立により,信用度の低い企業が銀行部門の信頼性を揺るがすのを防ぐとともに,少数の一定規模以上の金融機関に存続を絞ることで政府の介入をしやすくする意味もあった(韓国では,政府の意向を効果的に反映させるために民間銀行の人事計画にも介入した)。

それに加えて,政府は政府系金融機関も設立した。これは民間企業に対して長期資金を融資する役割を担った(シンガポール開発銀行など)。政府系金融機関の経営規模は民間銀行に比べると小さいものの,その融資先は政府が促進する戦略部門であることから,政府系金融機関の融資先には民間金融機関も追随して融資をするというシグナル効果が発揮された。したがって,政府系金融機関の設立はその融資規模以上の効果を得ることができた。韓国では,政府系金融機関ではなく,各民間金融機関に政府が財閥の資金融通の担当を担わせた。

さらに,国内で経済開発のための資本を賄うために,政府は貯蓄を奨励した。郵便貯金制度を国内に張り巡らせたり,強制貯蓄制度を設けたりして(シンガポールの郵便貯金制度や中央積立基金など),国民に消費よりも貯蓄に励むシステム作りを行った。

最後に,労働政策を通じた国際競争力の維持を図ろうとしたことである。製品輸出の拡大には勤勉で安価,しかも,従順な労働者の大量供給が必要となる。過激な労働組合運動は賃上げや労働条件の改善を企業に対して執拗に要求するためにストライキを頻発させるため,国際競争力の減退に関わるものとして排除の対象と考えられた。そこで,政府は労働組合運動を力で押さえ込むか(台湾では1987年まで戒厳令が敷かれ労働運動は禁止された),あるいは,政府公認の労働組合活動しか認めなかった(韓国では韓国労働組合総連盟(FKTU)のみが公認

第7章　開発問題への理論的アプローチ―市場メカニズムか，政府の役割か―

の労働組合とされ，シンガポールでは政府が労働組合（シンガポール全国労働組合会議（NTUC））を設立した）。

　もちろん，上記の諸要因に加えて，次のような重要な要素がアジアNIEsの経済発展を後押ししたことはいうまでもない。すなわち，GATT体制の下で工業製品に対する関税が引き下げられ，先進国も工業製品貿易については，一部には貿易摩擦が発生したものの，保護主義的な態度をあからさまにはとらなかった。さらに，交通手段の発達によって国際間の物流の効率性が飛躍的に向上したこともある。しかし，アジアNIEsの国内要因に特に注意を向けるのであれば，修正主義論者が主張するように，あらゆる経済活動の自由化が顕著な経済実績に結実したと断定するのは早計といえるのではないだろうか。

　こうして，1990年代に始まった新古典派論者と修正主義論者の間の論争は激しく展開され，決着の目途は立たなかった。しかし，あることがきっかけとなって，この論争はうやむやの中で立ち消えになり，あたかも新古典派論者の見解が勝利したかのようにみなされてしまった。そのきっかけとは，アジア通貨危機である。その直接的な原因はヘッジファンドによる現地通貨の売り浴びせによる為替の大暴落であったが，ヘッジファンドにつけ込まれる隙を与えたのは，経済活動に対して不適切な政府の介入があったからであると曲解されてしまった。こうして，東アジアの旺盛な経済活動が一気にしぼんでしまったため，今度はその原因追究に世界の関心が向けられることになり，アジアNIEsの経済発展の原動力に関する議論は十分に尽くされない中で，この論争は終結してしまったのであった。

　しかし，そうであるからといって，市場機構が万能ではないこともまた明るみになった。それは，アジア通貨危機からの回復過程で，必ずしもIMFの処方箋にしたがった諸国がいち早く回復を遂げたわけではなく，IMFとは正反対の規制強化策を採用したマレーシアの方が，回復が着実でかつ速かったからであった。そこで，また新たな見解が注目されるようになった。その見解とは，市場機構が上手く機能するためには，何らかの触媒的な要素があるはずであり，その要素を，経済活動を担う経済主体相互の関係に求めようとするものである。それが，ソーシャル・キャピタル論である。

第2節　ソーシャル・キャピタル（social capital）論

ソーシャル・キャピタルの概念

　ソーシャル・キャピタル論が経済開発の分析に盛んに適用されるようになったのは1990年代後半からである。1997年に公刊された世界銀行の報告書『世界開発報告』において，経済実績とソーシャル・キャピタルの存在との関係について明らかにされている。

　ソーシャル・キャピタルが成立するには，考察の対象となる経済主体の間に，①ネットワーク，②相互性，③信頼があることが必要であるとされている。しかし，経済主体の間には良好な関係や反目する関係，緊密な関係や疎遠な関係など常に建設的な関係ばかりが存在している訳ではないことに注意することが肝要である。したがって，ソーシャル・キャピタルの有無は必ずしも実績が創造されるメカニズムを説明する要因にはなり得ない。むしろ，ソーシャル・キャピタルがいかなる機能を果たしたのかということに注目する必要がある。

ソーシャル・キャピタルの機能

　そこで，ソーシャル・キャピタルの機能について見ていこう。
　まず，ソーシャル・キャピタルの機能の1つとして，「結束型（binding）ソーシャル・キャピタル」と「接合型（bridging）ソーシャル・キャピタル」を見ていく（図7-1を参照）。これは各グループを構成するサブ・グループ間の関係に注目するものである（グループ2にはサブ・グループが描かれていないが，グループ1と同様にグループ2にもサブ・グループがあるものと想定している）。結束型ソーシャル・キャピタルは同類・同質の社会的，経済的特徴を有する複数のグループ間のつながりを緊密に保つ機能を果たすものであり，同類・同質の特徴を共有するグループ1内のサブ・グループが1つにまとまるための影響力を発揮する（図7-1では実線で示されている）。これに対して，接合型ソーシャル・キャピタルは異質な社会的，経済的特徴を有する複数のグループ間のつながりを緊密に保つ機能を果たすものであり，グループ1とグループ2という異質なグループ

第 7 章　開発問題への理論的アプローチ—市場メカニズムか，政府の役割か—　○——81

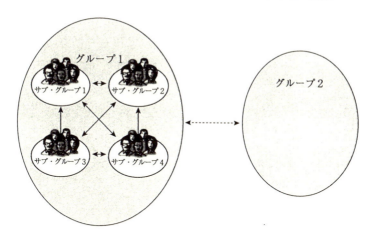

図 7－1　結束型・接合型ソーシャル・キャピタルの概念図

を連携する働きをする（図 7－1 では点線で示されている）。

　なお，この結束型対接合型の関係に類似した関係として，「水平的（horizontal）ソーシャル・キャピタル」と「垂直的（vertical）ソーシャル・キャピタル」とがある。水平的ソーシャル・キャピタルはメンバー間の社会的関係が対等であるのに対して，垂直型ソーシャル・キャピタルでは社会的関係が上下関係に基づいているというものである。

　次に，ソーシャル・キャピタルが及ぶ範囲を捉えて，その機能を論じることもできる。それが「認知的（cognitive）ソーシャル・キャピタル」と「構造的（structural）ソーシャル・キャピタル」である（図 7－2 を参照）。これは，各グループのメンバーの行動を規定するソーシャル・キャピタルが認識される社会的レベルに基づいて分類したものである。認知的ソーシャル・キャピタルは個人の行動規範に関わるものであるのに対して（図 7－2 のグループ 1 やグループ 2 がそれぞれ該当する），構造的ソーシャル・キャピタルは複数の個人が構成する地域や国家の行動規範に関わるものである（図 7－2 において，双方のグループを包含する大きな枠組みに該当する）。これに類似した機能として「マクロ的（macro）ソーシャル・キャピタル」と「ミクロ的（micro）ソーシャル・キャピタル」がある。前者は広い範囲での影響を想定するのに対して，後者は個人のような狭

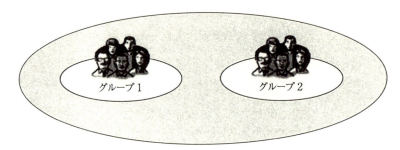

図7-2　構造的・認知的ソーシャル・キャピタルの概念図

い範囲での影響を想定している。

ソーシャル・キャピタル論の開発問題への適用

　このように，ソーシャル・キャピタルとひと言でいっても，その機能はさまざまである。では，ソーシャル・キャピタルのいかなる機能が経済発展と結びつくといえるのだろうか。

　世界銀行によるタンザニアの1人当たり家計支出とソーシャル・キャピタルとの関係に関する調査によると（World Bank（1997）*World Development Report 1997*, Oxford University Press, p.115），村落レベルの社会組織に対する村民の参画の度合いが活発な村では，1人当たり所得が高く，それに応じて，家計支出も多い。それに対して，参画の度合いが低迷している村落では1人当たり所得も家計支出も少ないことが示されている。この場合は，結束型ソーシャル・キャピタルが強いことがよい実績につながったと結論づけることができる。

　貧困層向けの無担保融資で実績をあげているバングラデシュのグラミン銀行が98％という高い返済率を維持している秘訣をソーシャル・キャピタルで説明すると次のようになる。同行の融資はグループ融資を通じて行われている。これは，5人1組で順番に融資を受けるが，先に融資を受けた者が返済を完了しない限り次の者への融資が実行されないという仕組みである。このメンバーからの圧力（いわゆるピアプレッシャー）が，受けた融資を元手に行った投資が着実に収益を生み，定期的な返済が実現することを可能にしている。すなわち，メンバー間の結束型ソーシャル・キャピタルが強く働いていることが高い返済

率の確保につながっているといえる。

　グラミン銀行の実績は単に返済率が高いということだけではない。貧困削減のために，行員と借入者が一体となってとり組んでいることも特筆に値する。それは，行員がオフィスではなく村に出向いて，借入者の面前で融資業務を行い，融資の有効な使用法，投資収益の活用法などを伝授して，双方の間に信頼関係が構築されているからである。行員と借入者との間を結ぶ接合型ソーシャル・キャピタルが良好な実績に結実しているとみることもできるのである。

　では，東アジアにおける経済交流の可能性について，ソーシャル・キャピタルの概念を援用するとどのように解釈できるだろうか。中国では，超巨大国家を効率的に統治するシステムが支配層と非支配層とを分離して，国家は非支配層から強い不満と不信の対象となっている。そこで，国家は外交を内交（内攻）に，内交（内攻）を外交にそれぞれ利用して，敵をあえて攻めないで，別の相手を攻めることで国家統一を実現させている。韓国では，日中の狭間で従属的立場に置かれ続けたことによって生み出された恨という情念が対外関係で激情的に発散されることがよくある。これに対して，日本は自己主張に欠如し，遠慮文化に染まっていることから，諸外国との理解増進と対外関係の拡大を上手く推進できない。したがって，東アジアにおける経済交流の緊密化が経済合理性に適うとしても，こうした三国間の関係が一定程度を越えた経済交流の進展を妨げることになると考えられる（加藤義喜（2013）「異質的なアジアと経済交流の在りよう」日本国際経済学会関東部会報告資料；風土論と世界経済との関係性については，加藤義喜（1986）『風土と世界経済―国民性の政治経済学―』文眞堂を参照）。この場合は，結束型ソーシャル・キャピタルが個々の国において国民の結束を高める反面，接合型ソーシャル・キャピタルが三国間で強力に排他的に働いていると解釈することができる。

ソーシャル・キャピタル論の限界

　ソーシャル・キャピタル論は，経済活動を担う経済主体間の関係に注目して，たとえ市場機構を歪めるような要素が他に存在しないとしても，経済主体間に協力関係がなければ市場は上手く機能しないことを明らかにした点で，意義があったといえよう。しかし，ソーシャル・キャピタル論には，多くの批判

も同時に投げかけられている。

　第1に，ソーシャル・キャピタルとは果たして「資本」といえるのかどうかという批判である。キャピタル＝資本という名称がつく概念には物的資本（physical capital）や人的資本（human capital）などがあるが，それらのいずれも将来の利益のために現在犠牲を払うという動機に基づいた投資行動によって蓄積されるものである。一方，ソーシャル・キャピタルはそのような動機に基づいて蓄積されているとは必ずしもいえない。というのも，ソーシャル・キャピタルは投資をしなくても存在するものだからである。

　第2に，ソーシャル・キャピタルは測定することができないという批判である。物的資本や人的資本の場合にはそれらが具体的に示しているものは明らかであり，また，それらは世界的にほぼ共通の尺度で測定することができる。しかし，ソーシャル・キャピタルの構成要素であるネットワークや相互性や信頼は概念的なものであり，数量的に測定することは難しい。また，信頼といってもその意味は文化や習慣や社会構造の違いから諸国間で異なるものであろう。共通の尺度で測定できない概念を一般化することには客観性という点で問題をはらむものといえる。

　第3に，ソーシャル・キャピタルの機能が場合に応じて相反する結果を導くことがあるという批判である。前述のタンザニアの村落組織に対する村人の参画の度合いと家計支出との関係やグラミン銀行における高水準の返済率とピアプレッシャーとの関係についての事例では，結束型ソーシャル・キャピタルが良好な結果をもたらしたと判断した。しかし，日中韓の3カ国の微妙な国際関係が東アジア共同体の実現を困難にしているという事例では，個々の国内における強力な結束型ソーシャル・キャピタルが異質なものとの結びつきを阻害するということであった。したがって，ソーシャル・キャピタルは必ず良い実績をもたらすとは限らないのである。

　以上のような批判はソーシャル・キャピタル論がかかえる根本的かつ重要な問題点である。したがって，ソーシャル・キャピタルという概念を用いる際には，すべてをそれに帰着させるような単純な議論ではなく，慎重に用いることが肝要である。

第8章
経済発展と人口問題

第1節　世界の人口規模とその趨勢

▍世界の人口規模

　世界人口は2000年に60億人に達し，2012年には70億人を突破，2050年には90億人を超え，100億人水準に達する勢いで増加し続けており，人口増はまったく収まりそうにない。しかし，世界人口が10億人に達したのは19世紀半ばの1850年前後でしかなく，世界人口が膨張し始めたのは人類史上，つい最近のことでしかない。

　表8−1に示されているとおり，紀元前1万年の世界人口は100万人と推計されている。その後の世界人口の増加率はきわめて緩やかで，世界人口が倍増するのに10世紀以上を要するという具合に，人口増加のペースはきわめてゆっくりであった。しかし，その後の世界人口の増加のペースは加速度的に高まり，それに連動して，倍増期間は一気に短縮化してきた。この表で人口増加率がピークを迎えるのは1950年から1970年の20年間であり，人口増加率は1.91％に達し，倍増期間は37年となり，人の一生の間に世界人口が倍増した上で，さらに倍増するという驚異的かつ爆発的な人口増を経験した。その後しばらくは，高水準で人口増加率が維持されるが，2000年以降，増加の伸びに歯止めがかかってきたことが伺える。

表8-1 世界人口の動向と人口増加の趨勢

	人口（百万人）	各期間の平均増加率（%）	倍増期間（年）
紀元前1万年	1	—	—
紀元1年	170	0.05	1,363
1650	470	0.06	1,167
1750	629	0.29	241
1800	813	0.52	135
1850	1,128	0.66	106
1900	1,550	0.64	109
1950	2,526	0.98	71
1970	3,691	1.91	37
1980	4,449	1.89	37
1990	5,321	1.81	39
2000	6,128	1.42	49
2010	6,916	1.22	57
2020	7,717	1.10	64
2050	9,551	0.71	99

（出所）United States Census Bureau：https://www.census.gov/population/international/data/worldpop/graph_population.php；総務省統計局『世界の統計』より作成。

人口増加の地域別動向と人口分布

　世界人口の増加のペースが1950年から1970年をピークに爆発的な人口増加を経験したのは既述のとおりである。しかし，人口の増加は世界の各地で満遍なく起きていた現象ではない。世界的な人口増加のピークであった1950年から1970年の20年間においてすら，先進国では1％前後でしかなく，その後，急速に人口増加のペースが緩やかになっていく。それに対して，発展途上国では2％を超える水準が1950年から1990年まで維持されている。すなわち，1950年以降の世界人口の急激な増加は発展途上国によって主導されていた。

現時点でも倍増期間は50年程度であり、きわめて速いペースで人口が拡大している。その結果として、1950年には、世界人口の3分の1が先進国に居住し、3分の2が発展途上国に居住するという割合になっていたのが、2000年には、先進国と発展途上国の割合はそれぞれ5分の1対5分の4になり、2050年には、それぞれ8分の1対8分の7に迫ろうとしている（総務省統計局『世界の統計』）。顕著な人口増加は主に発展途上国で起きている現象なのである。

従属人口負荷

次に、従属人口負荷という概念を通じて、人口増加の意味を国単位で考えよう。従属人口負荷とは、生産年齢人口（15歳から64歳までの労働人口）が非生産年齢人口（すなわち、0から14歳までの若年層と65歳以上の高齢層）を扶養する負担の程度を示すものである。負担ということであるので、これは一般的には軽い方が望ましい。図8-1は日本と世界各地の従属人口負荷の推移を示したものである。それによると、1920年から1950年頃にかけて、日本の従属人口負荷の水準は70前後と高水準である。しかし、その後この水準は急降下し（生産年齢人口が拡大し、人口ボーナス期を迎えたといえる）、45前後で推移するが、1990年代に入ってから再び上昇している（少子高齢化により従属人口が拡大し始め、人口オーナス期に入ったといえる）。この従属人口負荷の推移は、当初は0から14歳までの若年層の全人口に占める割合が高かったことによるものであるのに対して、現在では65歳以上の高齢層の割合が高まっていることに起因している。したがって、若年層にしろ、高齢層にしろ、従属人口負荷を高める場合には、何らかの人口対策が必要であることが示唆される。

他地域の推移を見ると、OECD加盟国は基本的には日本と同水準で推移している。東アジア太平洋諸国およびラテンアメリカ・カリブ海諸国では1970年を境に従属人口負荷は急降下している。これは若年層の割合の縮小によるものである。他方で、サブサハラアフリカの従属人口負荷は90前後というきわめて高い水準を維持している。これは依然として若年層の割合がきわめて高いことが原因となっている。

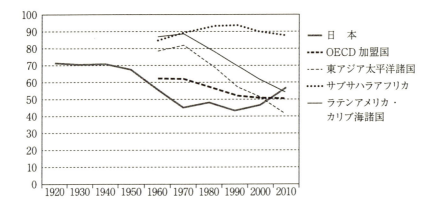

図8-1 従属人口負荷の推移（％）

（注）東アジア太平洋諸国，サブサハラアフリカ，ラテンアメリカ・カリブ海諸国は発展途上国のみ。
（出所）総務省統計局『日本の長期統計系列』および世界銀行データベースより作成。

第2節　人口急増のメカニズムと意味

人口転換モデル

　一国における人口の増減を説明する要素には何があるのか。

　人口増加には従来，2つの要素が絡んでいるとされた。それは，自然増加（出生－死亡）と純海外移住（移民受け入れ－移民送り出し）である。18世紀から19世紀にかけて旧大陸から新大陸へ労働移民あるいは自由移民として大量の移民が移動した。そして，黒人奴隷の解放にともなう労働力不足を補うため，あるいは，人口増加圧力に押されて，19世紀になると中国人や日本人が南北アメリカ大陸などへ労働者として移住した。このように，以前は移民が国家間を頻繁に動いていた。

　しかし，現在では，移民の流入が自国民の職を奪う，社会の分裂を助長するなどの理由で，世界の各国（特に受け入れ側となる諸国では）は移民政策に保守的になっており，大量の移民を受け入れることを拒む傾向にある。移民の送り出

しを国策として推進しているフィリピンでも，基本的には永住を目指す移民というよりも，労働力として国民を送り出すのが中心である。したがって，現在では，一国の人口増加のメカニズムを考える際には，自然増加の要素が大部分を占めるものと考えて差し支えない。

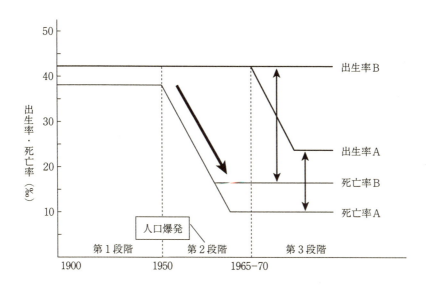

図8-2 人口転換モデル

それをグラフ化したものが図8-2の人口転換モデルである。人口転換モデルは，出生率と死亡率の推移を通じて自然増加率がいかに変化して人口の増減に影響を及ぼすのかについて，3つの段階に区分して，説明するものである。

さて，現在の発展途上国の多くが依然として植民地支配下にあった1945年以前には，出生率も死亡率もともに高水準を示している。これが第1段階の特徴である。この時期には，子供は多く生まれるが，衛生環境の不備や予防接種などが容易に受けられない，あるいは，医療サービスを享受できるのは富裕層に限定されるなどの理由で，死亡数も多い。したがって，第1段階では，多産多死の結果として人口はあまり増加しない。

第2段階に入ると，死亡率が一気に低下する一方で，出生率は高水準を継続

して維持する多産少死という特徴を帯びるようになる。死亡率の低下は，植民地支配から解放された新興独立国に対して開発援助が開始され，医療支援が実施されたことによる。しかし，人々の意識には，家族労働の担い手として多くの子供が必要であるという観念が根強く残ることが，出生率の高止まりに現れている。したがって，多く生まれて，少なく死ぬということになり，こうした諸国では人口が増加し始めるのである。この出生率と死亡率の格差がピークに達した時期が，人口爆発と呼ばれる現象である。

　第3段階では，人口爆発の結果として引き起こされたさまざまな社会問題に対処し，家族労働力の担い手として子だくさんである必要がないという認識が広まったことによって，出生率も下がり始める。その結果として，少産少死という状態になり，人口爆発によって引き起こされた社会問題が解決へ向かうのである（図8－2において出生率A・死亡率Aで示されている）。

　しかし，一部の発展途上国では，第3段階に入っても，依然として多産少死という第2段階の特徴を維持し続けている諸国がある（図8－2において出生率B・死亡率Bで示されている）。こうした諸国では，生活環境の悪化や就学・就職問題などの社会問題が山積することになる。人口問題には現在，先進国が抱える高齢化問題が含まれるが，さしあたって，本書で問題視する人口問題は，人口爆発に起因する社会問題にいかに対処するかという発展途上国特有の点に限定しておく。

▌人口急増の開発に対する含意

　では，人口爆発は発展途上国の経済開発にとっていかなる含意をもつものであろうか。ここでは，代表的な相反する見解を紹介することにより，その見解の相違がまったく異なる対策につながることを紹介する。

　まず，人口急増の「原因」についてである。以前のような大規模な海外移住は少なくとも第2次世界大戦後は起こっていないし，また，世界の諸国は保守的な移民政策を採用してきていることから，海外移住については一国の人口増加を説明する重要な要素とはいえなくなっている。したがって，一国の人口増加（急増も含む）の主因は基本的には自然増加要因によるものである。見解が分

かれるところは，人口急増の「結果」をいかに解釈するのかということである。すなわち，人口急増は発展途上国の経済発展にとっていかなる意味をもつのかということである。

① 人口急増が「原因」となって開発問題が引き起こされる

第1の見解は，人口急増が「原因」となって経済発展に関わるさまざまな課題（すなわち，劣悪な住居，河川の汚濁，道路の渋滞，不十分な公共サービスなどの社会的なひずみ）が引き起こされるというものである。したがって，この見解によって立つと，あるべき対処法は強制的な人口抑制策の実施ということになる。

このように考える根拠は，マルサス（T. Malthus）の「人口の罠」で示されている。マルサスは，人口増加と食糧増産のそれぞれのペースに相違があることを見いだした。前者は幾何級数的に増加するのに対して，後者は算術級数的にしか増加しない。そのため，急増する人口（食糧需要が急拡大）に対して，耕作地は拡大させることができないため，そこから収穫される食糧は一定（食糧供給量は一定）であることから，結局，1人当たり食糧が減少する。それが度を超して最低生存水準を下回るような事態が生じると（あるいはそういう事態が発生する前に），強制的な人口抑制策を実施して出生数を減少させ，1人当たり食糧の十分な確保を実現しようと考えたのである。そのため，マルサスは「産児制限運動の父」と呼ばれることもある。

② 人口急増は開発問題が引き起こした「結果」である

第2の見解は，人口急増は「結果」であり，発展途上国が低開発であることが多産を余儀なくさせたことから人口の急増につながったのだという論理である。すなわち，発展途上国の主要産業である農業は，低開発であるために，伝統的な農法（畜力と人力にもっぱら頼る農業）しか採ることができないために，人手を多く要する。したがって，労働力としての家族の存在は重要であり，将来の働き手として子だくさんにならざるを得ないのである。

こうした状況では，①の見解に基づいて無理やり人口抑制策を推進すると，農作業に必要不可欠な労働力を削減することになってしまうので，むしろ逆効

果になってしまう。それよりも，農村生活の水準を引き上げて，伝統的な農法に固執せず，近代的な農法と技術を取り入れ，灌漑施設を建設し，土地を耕し，肥料をまき，土作り，水やりを通じて，土地生産性と労働生産性を引き上げることができるようにする。そうすると，次第に以前のように労働力として子供を産むことが必要ないという意識が共有されることによって，自ずと人口の急増現象は収拾されるであろうというものである。ひと言でいうと，発展途上国の経済発展（特に農村が豊かになること）によって，自ずと人口問題は解決されるのであり，人口対策に焦点を当てた施策は必ずしも必要ないということである。

③ 双方の見解をどう評価するか

　第1の見解の根拠となっている「人口の罠」については，次のような批判がある。まず，技術進歩が無視されているということである。マルサスは人口が幾何級数的に増える中で，耕作地の拡大が見込めないので食糧供給は食糧需要の拡大に見合うことができないとしている。しかし，現実には，農業技術の進歩や農法の改善によって耕作地面積が不変であったとしても食糧増産は十分に見込むことができる。次に，マルサスは，1人当たり食糧が増えると（すなわち豊かになると），出生数が増大すると想定している。しかし，果たして豊かになると出生数が増大するという想定が正しいかどうかは議論の余地がある。というのも，豊かな先進国では出生率は低い一方で，貧しいサブサハラアフリカでは出生率が高いという矛盾した現象が起きているからである。

　では，第2の見解はいかに評価できるか。確かに，貧しいが故に農業に投入できる資源が限定されていることが，唯一の投入物である人力に頼らざるを得なくしているということはいえよう。しかし，現実には人口急増という現象が起き，20世紀半ばに入って世界の人口は加速度的に増加している。また，一国の人口についてみても，人口爆発によって十分な就業機会が提供されず，生活環境の悪化が甚だしい発展途上国が少なからず存在している。そういう状況下で，人口急増に対する対策を何ら行う必要はないというのは極論といえる。そのことは，置換水準を巡る議論で明らかにされている。

置換水準

　置換水準とは，一組の夫婦から生まれる子供の数が2人に制限された状況である。すなわち，年齢が高い両親（2人）は子供（2人）より早く人生を全うするため，マイナス2人分を子供のプラス2人分が代替することで，出生と死亡とがバランスするということである。人口爆発によって人口が急増している発展途上国では，まずこの置換水準に到達することが，人口抑制策の目標となる。

　しかし，現実には，この置換水準ですらなかなか到達できず，その結果として，即座に人口抑制策を実施したところで，その効果が現れるにはかなりの期間を要するという研究が報告されている。例えば，ナイジェリアの場合，1990年の人口は1億人強であったが，仮にその時点で置換水準に到達することを目標にしても，現実にそれが実現できるのには2025年まで待たなければならず，その時には同国の人口は3億人を超え，さらに最終的に同国の人口は2150年に5億人を超える水準でピークを迎えると予測されている（M.トダロ，S.スミス(2004)『トダロとスミスの開発経済学』国際協力出版会, p.333）。同調査によると，バングラデシュやイラン，ブラジルでも置換水準への到達を掲げて人口規模がピークに達するまでに当初の人口規模の2から3倍程度に拡大するとされている。

　なぜ置換水準の到達にもかかわらず，さらに人口が増大し続けるのか。そのカギを握るのが，0から14歳までの若年層の大きさである。発展途上国の中には全人口の3分の1が若年層で占められている国が少なくない。しかも，開発援助などを通じた医療水準の向上により，発展途上国において死亡率が低下している。その結果として，若年層が結婚適齢期を迎えると，現在よりも多くの夫婦が形成されることになる。そうすると，たとえすべての夫婦が出産する子供が2人に限定されるとしても，成立する夫婦のペアが現在よりも多くなると，生まれてくる子供の数は現在よりも多くなるのである。

第3節　人口政策の在り方

ピンポイント型政策―人口抑制策―

　前節での議論を踏まえて，人口政策の在り方について論じる。もっとも，現実には各国の事情に合わせて政策を策定すべきである。本節ではあくまでも一般論として述べることに注意しよう。

　まず求められる政策は，やはり人口抑制策である。「人口の罠」に関する議論には一定の欠陥があるとしても，置換水準の議論や人口急増によるさまざまな社会的弊害の発生から判断すると，人口が急激に増えることそれ自体に何らかの手を打つことが必要不可欠である。

　発展途上国の中で最も早く人口抑制策を実施したのはインドである。1960年代に入ると，東南アジアやラテンアメリカ・カリブ海，アフリカの一部の諸国でも人口抑制策が実施された。最も有名なとり組みとしては，1978年に始まった中国の「一人っ子政策」であろう。これは，晩婚，晩産，少生，希，優性を原則として，一組の夫婦に認められる子供を1人に制限する政策である。

表8－2　中国の人口と増加率

期　　間	人口（百万人）	年平均増加率（%）
1949 － 52	―	2.00
1953 － 57	594　（1953）	2.38
1958 － 61	622　（1960）	0.46
1962 － 73	823　（1970）	2.56
1974 － 85	981　（1980）	1.44
1986 － 96	1,135　（1990）	1.33
1980 － 2000	1,267　（2000）	1.29
1990 － 2005	1,305　（2005）	0.90
2000 － 10	1,325　（2010）	0.51
2010 － 11	1,344　（2011）	0.75

（出所）World Bank, *World Development Indicators; China Statistical Yearbook* より作成。

中国では1949年の建国から文化大革命が終わるまで，基本的には人口増大奨励策が推進されてきたが，その結果として，世界平均よりもかなり高い人口増加率を示してきた（表8-2を参照）。人口増大のペースを緩める必要性が政策課題として提起されることはあった。しかし，それは政治上の要請が優先され，人口抑制策として実施されるようになったのは，改革開放政策が始まるまで待たなければならなかった。

実施にあたっては，アメとムチという硬軟を使い分けた方法で推進された。奨励措置としては，「一人っ子証」を有する夫婦には補助金が与えられたり，子供には教育や医療，就職，住居などに関して優遇措置も与えられたりした。他方で，一人っ子政策を守らない夫婦には厳しい罰金が科せられた。中国の年平均人口増加率は1980年以降低下しており，「一人っ子政策」には実効性があった。

一方で，「一人っ子政策」には，いくつかの問題点が明らかになっている。第1に，出生性比の問題である。通常では出生時の比率は男児が高く（女児＝100の時，106），加齢とともに女性の方が高くなる。しかし，中国の出生性比は174（1981年の5から9歳の男児）と圧倒的に男児の比率が大きい。第2に，無戸籍児問題である。1990年の人口センサスで，1,513万人の無戸籍児が存在することが判明した。それは，「一人っ子政策」を厳守しなかったことによる罰金逃れのためである。第3に，高齢化問題である。若年人口が多すぎるとして人口抑制策を講じてきたが，これがかえって，高齢化社会の到来を加速するという矛盾した結果に中国を陥れることになっている。そのため，2014年に「一人っ子政策」は緩和された。

貧困撲滅のための経済・社会開発政策

発展途上国が力を入れるべきもう1つの政策は，貧困撲滅のための経済・社会開発政策の実施である。これは必ずしも人口急増という現象に直接的に働きかけるものではない。しかし，「人口急増は結果である」という見解を踏まえると，即効性はないが，人口増加現象に及ぼす影響は決して無視できるものではないであろう。

そこで，経済発展を促進させるための諸政策を推進することが望まれるのである。例えば，雇用政策を通じて雇用創出を促し，現金収入を獲得できる道を切り開く。あるいは，教育政策を推進し，識字能力を高め，労働力としての能力を高める努力を行う。また，発展途上国の人口の大部分が農村に居住していることからすると，農村部に焦点を当てた開発プロジェクトの実施も効果的であろう。さらに，女性の社会進出を促すためのエンパワーメント政策も併せて実施することも望ましい結果につながると期待できる。

対発展途上国支援政策

発展途上国の人口問題は，第一義的には発展途上国の政府自体が責任をもってその対処にあたるべきであることは論を待たない。しかし，それに対して先進国は傍観しているだけでは済まされない。

というのは，人口問題発生の背景には発展途上国の貧困という現実があるからである。そのため，発展途上国では長期開発政策を通じて貧困解決を目指して，農産物や軽工業品などの比較優位品目の輸出を通じて外貨獲得を目指さなければならない。それに対して，先進国はいかに応えるのかということである。

先進国では工業製品貿易についてはGATT体制の下ですでに自由化推進を訴えてきたが，農産物貿易については例外条項を巧みに利用して発展途上国からの輸入を拒んできた。発展途上国の貧困解決と経済発展のためには，発展途上国自体の努力は当然のことであるが，先進国も発展途上国の努力に対して協力姿勢を示すことが求められるのである。

このように，発展途上国と先進国が協力しながら人口を巡る問題に対処するのが理想的な政策策定および実行の在り方であるといえる。

第9章
経済発展と都市問題

第1節　都市化と都市の実態

都市の役割

　都市は経済活動に対してどのような役割を果たすのであろうか。

　まず，都市化によって人口がある地域に集積すると，その地域の経済活動が活性化することによってさまざまな便益が居住者にもたらされる。それは，公共サービスの充実や交通の便がよくなること，さまざまな娯楽や教育サービスが提供されることなどである。こうした多様な財やサービスの提供は居住者の生活を豊かなものにする。

　次に，人口がある地域に集積することによって，新たな産業の集中が促され経済活動が活性化する。例えば，製品の輸送にかかる費用が大きな産業は，工場の立地を消費者に近い場所へ移転させるであろう。これは都市化がもつ前方連関効果である。これとは別に，都市やその周辺部で産業が興り，生産が拡大することによって，そうした産業へ中間財を供給する産業の集積が始まる。これは後方連関効果である。

　このように，都市は，人口が集中することによって人々の暮らしを豊かにし，さらに，前方連関効果と後方連関効果を通じて新たな産業の勃興と関連産業の集積を促すことによって，経済活動の活性化を促す。これが都市における「集積の経済」と呼ばれるものである。

　しかし，限度を超えた人口の都市への集中は，便益よりもむしろ弊害をもたらすことになる。すなわち，人口が都市に集中しすぎ，人口密度が異常に高く

なると，混雑，騒音，地価高騰，インフラ整備のコスト上昇などという諸問題が発生する。すなわち，都市の集積には，集積の経済性とともに，集積の不経済性が同時に存在するのである。都市規模が巨大化すると，ますます集積の経済性と不経済性のバランスを図ることが困難になる。発展途上国では，このバランスが著しく崩れているとみることができる。

▍都市化の実態

現在，発展途上国では急速な都市化が進行中である。

図9－1に示されているように，1950年までは，発展途上国（低・中所得国）の都市人口は先進国（高所得国）の都市人口よりも少なかった。すなわち，その頃までは都市問題というと先進国に特有の問題というべきものであった。しかし，それ以降，発展途上国の都市人口がふくれあがり，特にそれは中所得国

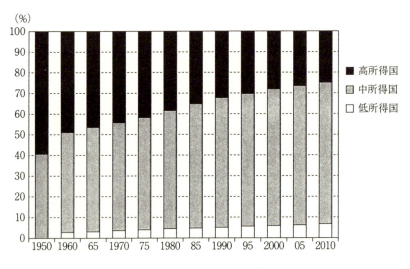

図9－1　都市人口の所得水準別推移（％）

（注）1950年は中所得国に低所得国の値を含む。
（出所）United Nations, Department of Economic and Social Affairs, Population Division (2012) *World Urbanization Prospects: The 2011 Revision* および世界銀行データベースより作成。

表9－1 都市・農村人口の比較

		人口（百万人）		人口比（全人口に対する割合, %）	
		1980年	2012年	1980年	2012年
低所得国	都市人口	348	235	32	28
	農村人口	1,062	595	68	72
中所得国	都市人口	786	2,430	39	50
	農村人口	1,243	2,482	61	50
東アジア・大洋州	都市人口	289	988	21	50
	農村人口	1,074	1,003	79	50
南アジア	都市人口	201	517	22	31
	農村人口	703	1,132	78	69
中東・北アフリカ	都市人口	83	202	48	60
	農村人口	90	137	52	40
欧州・中央アジア	都市人口	249	162	59	60
	農村人口	175	107	41	40
サブサハラアフリカ	都市人口	80	336	21	37
	農村人口	303	576	79	63
ラテンアメリカ・カリブ海	都市人口	232	460	65	79
	農村人口	125	122	35	21
高所得国	都市人口	607	1,023	73	80
	農村人口	224	253	27	20

（出所）世界銀行データベースより作成。

で顕著である。都市問題は今や発展途上国の抱える課題の中でも重要なものとして位置づけられる。

　都市化は世界各地で起こっている現象である。表9－1に示されているように，いずれの地域でも都市人口の規模は拡大し，各地域における都市人口の割合も拡大している。しかし，都市化の進行は特に東アジア・大洋州，中東・北

アフリカ，欧州・中央アジア，ラテンアメリカ・カリブ海の各地域で顕著である。これらの地域には所得水準が発展途上国の中では相対的に高い中所得国が多く含まれている。一国の人口の都市・農村分布は，従来は7対3で，先進国では全人口の7割が都市部，3割が農村部に居住し，発展途上国ではその逆であると捉えられてきた。しかし，今や中所得国においてはこの従来の傾向には当てはまらなくなってきた。

　急速な都市化は巨大都市（人口1,000万人以上の都市）の出現と同時進行で展開している。1970年には，人口規模50万人未満の都市に居住する都市人口が全体の6割を占めていた。しかし，その割合は逓減する一方で，人口規模1,000万人以上の巨大都市に居住する割合が顕著に拡大している。しかも，発展途上国において巨大都市が出現しており，都市人口増加率はきわめて高い。

都市の失業

　都市への過度な人口集中による不経済性の1つの具体例が都市失業の存在である。

　都市失業率についてみてみると（表9-2を参照），農村失業率よりは高いものの，極端に高水準な失業率を示しているわけでもない。しかし，ここに掲載されている失業率はあくまでも各国政府が公表している数値を国際機関が再掲しているにすぎないことに注意すべきである。これらの数値は顕在失業率にすぎない。失業の定義は諸国間で統一されていないが，先進国の場合には政府機関が公表する数値をそのまま信じることはそれほど実態と乖離しているとはいえない。

　しかし，発展途上国の場合には政府の公式見解をそのまま鵜呑みにすることは現実を見誤ることになる。すなわち，表面上は定職に就いていることになっているが，現実にはほとんど仕事をしていない労働者が少なからず存在している。これを偽装失業者という。これも含めて広い意味で失業問題を考えることが，発展途上国の場合は必要である。そうすると，政府が示す公式統計にかかわらず，だいたいの発展途上国の失業率はおよそ30％程度に達するものと理解されている。

表9-2 都市・農村別失業率（％）

	都市失業	農村失業
スリランカ	6.4	5.8
モルドバ	8.0	5.0
トルコ	19.8	8.9
ブラジル	8.1	2.5
コロンビア	12.0	7.6
コスタリカ	4.8	5.1
エクアドル	7.3	3.0
メキシコ	4.3	2.6
パナマ	6.5	3.7
パラグアイ	7.4	3.2
カンボジア	4.5	1.0
ネパール	7.5	1.2

（注）スリランカ，モルドバ，トルコは2009年。それ以外は2008年。
（出所）ILO RURAL STATISTICS DATASET より作成。

したがって，偽装失業状態の労働者は，何らかの経済活動をしない限り自らの生計を立てていくことができない。こうした人々が営む経済活動を総称して都市インフォーマルセクターと呼んでいる。

都市インフォーマルセクター

　都市インフォーマルセクターとは，公務員や民間企業の正社員のような正規労働者として就労できなかった者が，毎日の糧を得るために従事する都市部における雑業的な労働である。その形態にはさまざまなものが挙げられるが，代表的な仕事として，人力車夫，荷物運び，露天商，路上販売員，靴磨き，ゴミ拾い，物乞い，売春などがある。
　都市インフォーマルセクターに該当する労働はきわめて苛酷である。主な特徴としては，①家族のような集団単位でも個人単位でもいかなる形態で従事し

ても構わない，②技術などはほとんど要せず，労働集約的な仕事である，③誰でもその職に従事することができるという意味で参入が容易である，④参入のための条件はないに等しいので競争が激しい，⑤雑業的な非正規の仕事であるため儲けは少なく，長時間労働が強いられる，⑥社会保障などの支援制度は基

表9-3 インフォーマルセクターの雇用規模が大きな諸国（%）

イ ン ド	83.5	2004－05
フ ィ リ ピ ン	70.1	2008
ベ ト ナ ム	68.2	2009
ス リ ラ ン カ	62.1	2009
マ リ	81.8	2004
タ ン ザ ニ ア	76.2	2005－06
マ ダ ガ ス カ ル	73.6	2005
ザ ン ビ ア	69.5	2008
ウ ガ ン ダ	68.5	2010
リ ベ リ ア	60.0	2010
ボ リ ビ ア	75.1	2006
ホ ン ジ ュ ラ ス	73.9	2009
パ ラ グ ア イ	70.7	2009
ペ ル ー	70.6	2009
エ ル サ ル バ ド ル	66.4	2009
ニ カ ラ グ ア	65.7	2008
エ ク ア ド ル	60.9	2009
コ ロ ン ビ ア	59.6	2010
メ キ シ コ	53.7	2009

（注）値は全雇用機会（自営，非自営）に占めるインフォーマルセクターに分類される雇用機会の割合が50%を超える諸国のみ。年次は調査年。
（出所）ILO Database, Women and men in the informal economy - A statistical picture より作成。

本的になく，労働災害の場合も何ら補償は得られない，というようなものである。

では，都市インフォーマルセクターの規模を見てみよう。表9-3は，全雇用機会（自営，非自営）に占めるインフォーマルセクターに分類される雇用機会の割合が50％を超える諸国を挙げている。それによると，BRICsの一員であるインドですら，全雇用機会の8割以上がインフォーマルセクターに分類される。また，ロシアでは，全雇用者数に占めるインフォーマルセクター従事者の割合が12.1％であり，決して無視できる水準ではない。北米自由貿易協定（NAFTA）をアメリカ，カナダと締結し，1人当たりGNIが名目値で9,420ドル（2011年）に達しているメキシコですら，全雇用機会の半分以上がインフォーマルセクターである。こうした実態は，いかに新興国としてもてはやされようとも，そうした諸国の将来が決して楽観視できないことを示している。

スラム

こうして，都市問題のもう1つの側面が浮き彫りにされる。それが正規労働者として就労できなかった者が生活する居住地の問題，すなわちスラムの問題である。スラムとは，貧しい者が不法占拠した土地に，みすぼらしい家屋を建てて密集して暮らしている劣悪な居住地のことである。

スラム人口の規模は国によって大きな差異があるが，もちろん無視できる規模ではない。ブラジル，インド，中国でさえスラムが存在している。インドと中国は人口規模が他の諸国とは桁違いに大きいため，スラム人口も巨大である。インドでは1億人，中国では1.8億人がスラムに居住しているとされている（http://data.un.org）。

発展途上国の全人口比では，43％がスラムに居住しているという調査もある（http://www.unhabitat.org/global-report.asp）。それによると，スラム人口はアジアに集中し（世界のスラム人口の60％を占める），都市人口に占めるスラム人口の割合が高い地域は順に，サブサハラアフリカ（72％），南・中央アジア（58％），東アジア（36％），西アジア（33％），ラテンアメリカ・カリブ海諸国（32％）となっている。

第2節　都市化の原因

ビッグ・プッシュ論の誤算

　発展途上国で都市が膨張する中で，十分な雇用が確保されず都市インフォーマルセクターが肥大化し，スラムが増殖する原因は何であろうか。

　最も大きな原因は，発展途上国の経済発展には工業化が必要不可欠であることから始まった工業化戦略が誤算を生んだことである。1950年代および60年代の開発思想は，豊かになるということを物質的な充足として捉えて，それを実現するためには工業化しかないと考えた。そして，工業化を通じて新規雇用が創出され，増大する労働者も吸収されるものと考えられた。この考え方は，第6章で触れたように，経済発展段階説やハロッド＝ドーマー型成長理論によって理論的に支えられ，貯蓄率を引き上げ，投資率を高めて経済成長を促進することが最も重要な雇用対策であると考えられた。すなわち，大規模投資（これをビッグ・プッシュとみなす）を通じて，工業化を促進し，低開発と失業の解決を目指そうとしたのであった。

　このビッグ・プッシュ論は，発展途上国の製造業における付加価値の増大にある程度貢献した。表9－4に示されているように，発展途上国の中でも工業基盤が早くから整っていたブラジルや，戦後，遅滞なく工業化に着手したマレーシアやタイでは，1960年代を通じて年平均2桁の製造業付加価値額の伸びを示した。すなわち，開発援助はこれらの諸国の工業化の推進に寄与したのであった。しかし，それには誤算がともなった。すなわち，ビッグ・プッシュ論の見解に従えば，工業化はそれに応じた新規雇用を生み出し，失業問題の解決につながるということであった。ところが，表9－4に示されているように，同期間において製造業雇用者数は伸びてはいるものの，その伸び率は付加価値の伸び率にはるかに及ばない。つまり，ビッグ・プッシュによって工業化は推進されたものの，失業問題の解決には必ずしもつながらなかったのである。

表9-4 製造業における付加価値の伸びと雇用の伸びとの関係（1960年代）

	付加価値の年平均伸び率（%）	雇用の年平均伸び率（%）	期間
マレーシア	12.2	6.1	1962年から70年
フィリピン	0.1	5.3	1960年から70年
タイ	12.6	3.8	1960年から70年
インド	5.3	− 0.5	1961年から71年
パキスタン	12.7	12.9	1961年から68年
トルコ	9.4	6.5	1965年から70年
南アフリカ共和国	10.6	4.7	1960年から70年
ブラジル	10.5	4.9	1960年から70年

（出所）世界銀行データベース，ILO LABORSTA より作成。

では，なぜ誤算が生じたのであろうか。それは，製造業における付加価値の増大（すなわち工業化）が主に何によって引き起こされたのかということで説明がつく。ビッグ・プッシュ論によると，製造業分野の付加価値額の増大（すなわち経済成長のこと）と労働力投入量の拡大は比例するものと想定された。

しかし，現実には，それほど労働力投入量は伸びず，むしろ労働力を代替する別の要素の投入が増えた。それは機械化である。機械化を通じて，労働生産性が上昇したため，それほど労働力投入量を増やさなくても，製造業の付加価値増大を実現することが可能となったのである。

こうして，現実には工業化はビッグ・プッシュ論の想定通りにはならないにもかかわらず推進されたため，すでに都市部に存在した失業者や，農村から都市へと移住してきた出稼ぎ労働者のすべてが新規雇用で吸収されることは不可能であった。したがって，正規労働者として雇用されなかった者は何らかの手段で生きる道を見出さなければならなかったのである。それが，都市インフォーマルセクターの肥大化とスラムの増殖につながったのであった。

都市インフォーマルセクターの存在をどう捉えるか

では，この都市インフォーマルセクターの存在意義は経済発展の文脈の中で

いかに捉えればよいのであろうか。これには、相反する2つの見解、すなわち、①都市インフォーマルセクターは経済発展に建設的な役割を果たすという肯定的見解と②都市インフォーマルセクターは都市問題に弊害を与えるのみであるとする否定的見解の2つが存在する。

①　都市インフォーマルセクターは経済発展に建設的な役割を果たす

　この見解の代表的な信奉者は、国連人間定住計画や国際労働機関（ILO）である。この立場の論者は、都市インフォーマルセクターがその他の部門（主に都市フォーマルセクター）との間にいかなる関係をもっているかという観点から都市インフォーマルセクターの存在意義を論じている。都市インフォーマルセクターにはさまざまな仕事が該当するが、そのうちの少なからずの仕事が都市フォーマルセクターに対する安価な投入財の供給を担っている。例えば、洋服の仕立てや革なめし、衣類のクリーニング、菓子製造などさまざまである。都市インフォーマルセクターでの劣悪な労働条件下で生産された投入物が都市フォーマルセクターの経済活動を下支えしている側面がある。

　さらに、都市インフォーマルセクターには農村とのつながりもある。すなわち、農村から移住してきた労働者の多くが都市ですぐに正規労働者として雇用されることはかなり困難である。そのための受け皿が都市インフォーマルセクターとなっているのである。このことは、農村部における余剰労働力の吸収の役割を都市インフォーマルセクターが果たしているというように解釈できる。農村にとどまっている限り、ルイス流の表現をすれば、限界生産力は限りなくゼロに近く、貧困状態の中から抜け出すことはできない。都市インフォーマルセクターは貧困から抜け出す機会を提供しているといえるのである。

　その他にも、都市インフォーマルセクターは、公的支援を得なくても余剰を出すほど生産的である、資本の投下が必要ないため資本希少国である発展途上国にとって好都合である、未熟練労働者の吸収の受け皿になる、地域にある未利用の資源の有効利用につながる、都市インフォーマルセクターの活性化は開発からの利益の再分配につながる、などの理由もこの見解を支持する根拠となっている。

したがって，都市インフォーマルセクターを巡る問題に対処するには，成長のエンジンとしての都市の活力を高めるための諸施策を実施することが望ましいということになる。

② **都市インフォーマルセクターは都市問題に弊害を与えるのみである**

しかし，都市インフォーマルセクターの存在意義を認め，住環境や新規雇用創出などの各種施策を進めると，都市問題の解決どころか，さらなる悪化を引き起こすというのがこの見解である。それは，各種施策が都市としての魅力を高めることにより，農村からさらなる出稼ぎ労働者の都市への流入を招いてしまうからである。そうすると，都市失業の緩和どころではなく，失業問題をさらに悪化させてしまう。また，増大する出稼ぎ労働者は正規労働者として雇用されることは困難であることから，都市インフォーマルセクターの肥大，スラムの増殖という結果になる。

したがって，この見解に立てば，出稼ぎ労働者の都市への流入を食い止めることが必要ということになる。

ハリス＝トダロの人口移動モデル

都市インフォーマルセクターは経済発展の負の側面であるのか，あるいは，正の側面であるのかについてはさておき，農村からの出稼ぎ労働者は，農村の貧困と都市の貧困の両方に関わっている。したがって，出稼ぎ労働のメカニズムについて適切に把握することは都市と農村の貧困問題を考えるにあたってきわめて重要である。

では，出稼ぎ労働に影響を及ぼす要因にはいかなるものがあるのか。所得再分配政策は都市や農村の所得に直接的な影響を及ぼす。財政政策（例えば公共投資）や金融政策（例えば信用割り当て），貿易や為替政策（これらは対外経済活動の活性化につながる）は都市や農村の所得に間接的な影響を及ぼすと考えられる。すなわち，農村から都市への出稼ぎ労働といっても，それに影響を及ぼす要因は複雑であり，包括的に取り扱うことが望ましい。それを経済学的に究明したのがハリス＝トダロの人口移動モデルである。

このモデルによると，出稼ぎ労働するかどうかの決定は，現実に受け取っている農村所得と出稼ぎ労働者として労働したときに受け取ることができるであろう都市期待所得との大小関係が決め手になる。そこで都市期待所得を割り出すカギが，就業確率である。出稼ぎ労働者として都市へ移住し，しかも何らかの職業に就ける確率が高い場合には，就業確率が上がる。そして，農村所得よりも都市期待所得が上回ると判断されると，出稼ぎ労働を決意することになる。逆に，都市で高給を出す新規雇用が創出されたとしても，就業確率が低い場合には，農村所得の方が都市期待所得を上回り，その場合には出稼ぎ労働を断念するという選択をとることになる。

なお，都市期待所得は，先に移住した出稼ぎ労働者が後に続く者に対して住居や就職の斡旋を積極的にするならば，このことは就業確率の上昇に寄与することになる。したがって，ハリス＝トダロの人口移動モデルによると，たとえ都市にすでに失業が発生しているとしても，潜在的な出稼ぎ労働者が合理的な判断をすれば，あえて都市に移住する決定を下す可能性があるのである。

第3節 都市政策の在り方

従来のアプローチ

では，いかなる都市政策を実施することが望ましいのであろうか。まず，都市問題に対処するための従来のアプローチを紹介しておこう。

都市問題に対処するための従来のアプローチの基本的な方針は，都市の問題は都市部門内で解決すれば良く，農村との関係に注目する必要性が問われることはなかった。したがって，失業や劣悪な雇用条件，低い教育水準に起因する就職難などの諸問題については，個々の問題に対応した政策が策定され，実施されてきた。例えば，失業対策としては，都市部において雇用創出を促すことが当然のごとく必要とされ，実施されてきた。また，低賃金労働の改善のためには，最低賃金法の導入が促され，教育機会の拡大も進められた。それによって，都市インフォーマルセクターから抜け出して正規労働者として就労できる者を増やしたり，より高給を保証する仕事に転職できる者を増やしたりしようと努めた。

このような個々の政策はそれぞれの問題のみに対処するという限りでは，いずれも適切な措置であったかもしれない。しかし，現実には都市問題の解決どころか，それをさらに悪化させることになった。それは，都市問題に対処するための一連の政策は農村住民にとって大きな魅力と映り，農村から都市への一層の出稼ぎ労働を招いたからであった。これは誘発移住と呼ばれる現象である。

この誘発移住がいかに深刻であるかは次のように説明できる。すなわち，失業対策のため都市において1人の新規雇用が創出されると，それをチャンスと見て農村から2から3人の住民がその職を目指して都市への出稼ぎ労働を決意すると想定しよう。しかし，都市にはすでに大量の失業者が存在するため，新規雇用の創出によって，都市の失業者1人が正規労働者として雇用される一方で，農村から都市へ移住してきた2から3人は正規労働者として雇用されることはなく，新たな失業者となってしまうのである。現実には失業対策はもっと大きな規模で行われるわけであるので，それによって派生する誘発移住の規模も大きくなり，その結果として，多くの発展途上国で都市における失業対策が，都市失業の拡大を招くという矛盾した結果となるのである。

新たなアプローチ

では，いかなる方法で都市問題に対処すべきか。第1に，都市問題を都市と農村との関わりの中に位置づけて考えるという発想の転換が重要である。ハリス＝トダロの人口移動モデルが教えるように，農村から都市への出稼ぎ労働は，農村所得が都市期待所得を下回るときに発生する。したがって，この観点からすると，都市問題に対処するためにまず実施しなければならないのは，都市偏重型の開発政策を改めることである。なぜなら，都市部を中心にさまざまな開発政策が実施されることは，都市の魅力をますます高める一方，農村部の将来性がますます減じられてしまうからである。

したがって，都市期待所得と農村所得の格差を縮める最も効果的な方法は，従来型の開発政策であるビッグ・プッシュ論では顧みられることがなかった農村部の開発を促進することである。すなわち，農村開発政策を実施することが必要なのである（詳細は次章を参照のこと）。これを通じて，農村部の雇用機会を

増やして生活水準を向上させ，その結果として，農村所得と都市期待所得の格差を縮小させようとするのである。

　もっとも，これまでのような都市部における雇用対策をまったく行わなくてよいというわけではない。むしろ，重要なことは，経済発展にとっては付随的，従属的な存在でしかないとみなされてきた農村を主体的な開発の対象と位置づけることである。都市問題の原因の一端が農村の貧困にあるのであれば，都市と農村との間には何らの関係もないと割り切ることは不適切である。

　第2に，発展途上国の実情に合った失業対策をとるべきであるということである。すなわち，発展途上国は資本が希少（そのために援助資金を必要としているわけである）である一方で，労働力が豊富である。したがって，発展途上国で推進されている工業化は，労働力を吸収することも重要な目的の1つとしてみなされるべきである。そのためには，次のような2つの柱で工業化を推進していくべきである。

　まず，労働集約型産業を振興することである。労働集約型産業とは，生産工程で機械よりもむしろ労働者をより多く利用する産業と定義づけることができる。そういう産業は最先端の技術を用いた製造業では必ずしもなく，むしろ織物業，陶器製造，日用雑貨製造，おもちゃ製造などのような軽工業である。

　次に，こうした軽工業に最適技術を導入することである。すなわち，発展途上国の労働者の教育水準，技術者の技能水準，労働力の賦存状況などに応じた適切なレベルの技術を導入すべきということである。先進国では，労働者の賃金水準が高いため，工場では省力的技術が導入されて，高度な機械化が推進されている。一方で，発展途上国では，労働者の教育や技能水準はあまり高くない。そのため，先進国で使用するような高度な機械を導入しても，その機械を使いこなせないばかりか，機械が故障するとそれを修理することが難しい。したがって，発展途上国が導入すべき適正技術とは，先進国ではすでに使い古された時代遅れのものであるかもしれないが，教育水準が高くない労働者にも十分扱える技術水準のことである。

　都市と農村との関係を考慮に入れた上で，労働力を活用する労働集約型の産業を振興することが，都市問題の解決にはきわめて重要である。

第10章
経済発展と農村問題

第1節　農村と農業の実態

発展途上国の農民は怠惰か

　発展途上国の農村生活はいかなる状況であろうか。

　農村の主要産業は農業であり、多くの農村住民は農民である。農民は1年間苦労して農作業を行って収穫した農産物でかろうじて生活を維持できるか、あるいは、その収穫では1年間十分に食べていけないほど貧しい。農村が貧困であるということは、農民が怠惰であるということを意味するのであろうか。

　先進国の研究者は、農民がかろうじて生きているという状況を表面的に捉えて、貧困の原因は生き延びることにしか関心がない農民の消極的な行動パターンにあるとした。したがって、二重経済発展理論が示しているように、経済発展のためには農業・農村中心の経済社会構造から近代的工業社会への急激な構造転換が必要であると考えられた。農村は労働力の供給源と工業部門に対する食料供給源の役割しか果たさず、経済発展に対して主体的には貢献しない存在とみなされた。

発展途上国の農業の実態

　では、なぜ発展途上国の農業は停滞したのか。

　戦後、発展途上国経済は開発援助によって比較的高い経済成長を実現した。しかし、それは主に工業および商業部門の成長によって牽引されたものであり、農業部門の成長はそれとは対照的であった。農業就業人口は全労働力の大

きな部分を占める反面，農業付加価値額のGDPに対する割合はそれに見合った水準になかった。これは，農業の生産性が工業および商業と比較して低いことを意味する。図10−1は地域別，所得水準別に農業生産性の比較を行っている。それによると，発展途上国の中でも生産性に格差が生じているが，大きな格差は高所得国（OECD）との格差である。

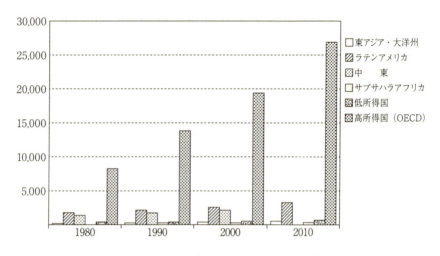

図10−1　1人当たり農業付加価値（ドル）

（注）1990年，2000年，2010年の伸び率はそれぞれ1980から90年，90から2000年，2000から2010年までの年平均伸び率を示す。
（出所）世界銀行データベースより作成。

　発展途上国では1970年代に「緑の革命」によって高収量品種が農業に導入され，農業生産高の拡大が促進された。しかし，その利益は農民に広く行き渡らず，また，農薬や化学肥料などが環境面で与えた負荷も大きかった（すなわち，持続可能な技術ではなかった）。さらに，1973年から74年にかけてサブサハラアフリカ諸国（カーボベルデ，セネガルからエチオピアをまたぐサヘル地帯）で発生した大飢饉によって数十万人が餓死し，1980年代，90年代にも断続的にアフリカの諸国（サヘル地帯やザンビア，ボツワナ，タンザニア，ウガンダなど22カ国以上に被害は及んだ）で食糧危機が発生した。

この結果，大半の発展途上国の将来は農業の行方に係っているという認識が広まった。このことが開発思想に影響を与え，開発政策の立案において農業を重視する方向に方針が転換されるようになった。

▎農村の規模と貧困の実態

　発展途上国の人口は，一部の地域や諸国を除いて，農村人口の方が都市人口よりも大きく，農村・都市の人口分布はおよそ7対3であるとみてよい（表9－1を参照）。ただし，その比率は低所得国では現在も適用されるが，中所得国では急激な都市化のため5対5となっている。また，都市・農村人口分布は地域別でも異なり，南アジアおよびサブサハラアフリカではほぼ7対3の割合が適用されるが，その他の地域では都市化が激しい。

　農村の貧困率についても発展途上国の中で大きな格差が存在している。2000年以降の比較的最近の統計によると，農村人口比で3割台から5割台の人々が1日1.25ドルという極度の貧困水準の生活を余儀なくされている国が，南アジアから中東，北アフリカ，サブサハラアフリカ，ラテンアメリカに広がっている。この水準は低所得国ほど高いというわけではなく，上位中所得国のメキシコ（2011年の1人当たりGNIは9,420ドル），コロンビア（同6,070ドル）においてすら6割台から8割台と驚異的に高い。

第2節　農村における貧困の原因

▎構造的問題

①　ラテンアメリカの二元的構造

　ラテンアメリカにおける農村貧困の背景には，ラティフンディオとミニフンディオの二元的構造という問題がある。ラティフンディオとは広大な土地を所有し12人以上の農業労働者を雇用する大農場のことで，数千人規模の農業労働者を雇用する場合もある。それに対して，ミニフンディオは最小規模の農場のことであり，家族2人にとっても十分な雇用を提供することができないほどの零細規模の農業である。

ラテンアメリカにおけるこうした二元的構造はどのような問題をもたらしているのであろうか。第1に，土地の分配がきわめて不平等であること自体に問題がある。ペルーやコロンビア，ブラジルでは土地集中度ジニ係数が0.8を超えており，大土地所有者が広大な耕作地を牛耳っている一方で，小規模農家はごくわずかな土地しかもっていないか，あるいは，小作農がかなり多いことが示されている。

　第2に，大農場の方が非効率な生産をしているという矛盾である。常識的には，耕作地が広大な方が機械化を通じて効率的な生産ができると考えられる。しかし，ラティフンディオにとって，土地は生産のために所有するのではなく，権力と名声を誇示するために所有する物とみなされている。したがって，広大な土地は低利用のまま放置されていることが多い。

　その結果が，ラテンアメリカにおける農村の貧困であり，この状態から脱却するためには，農村の社会構造を再構築することが必要不可欠であるといわれている。

② アジアにおける村落共同体の崩壊

　アジアの農村の特徴は，土地の分配に関してはラテンアメリカのような一部の地主に集中するというほどではない。しかし，小さな土地にあまりにも多くの農民がひしめき合っているのが，アジアの農村の特徴である。なぜそうなったのか。それはミュルダール（G. Myrdal）が的確に説明している。ミュルダールによると，その主因は，①植民地支配，②貨幣経済の浸透，③人口増大の3点であるという。これらに加えて，法律の導入による財産権の明確化を第4の点として付け加えてもよいであろう。これらの要因が，植民地以前のアジアにおいて伝統的な農村構造を形成してきた村落共同体を崩壊させることになり，その結果として，農民は土地を追われ，ごく小さな土地しか所有できなくなるか，小作農に転じるしかなくなった。

　アジアにおける植民地化以前の農村社会は，村落共同体を中心として組織化されていた。図10－2に示されているように，農村には耕作地の所有者である地主や部族長と耕作地をほとんど保有しない小作人が同居していた。地主は

第10章 経済発展と農村問題 ○—— 115

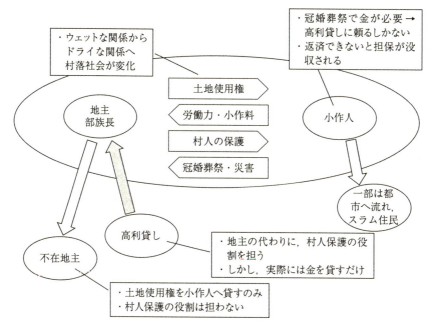

図10-2 村落共同体のシステムの崩壊

所有地を小作人に貸し与え（土地使用権の貸し付け），小作人はその土地から得られた収穫物の多くを小作料（土地使用権に対する対価）として地主に収める一方で，地主に対して労働力を提供した見返りに収穫の一部を自らの取り分として生活の糧を得る。すなわち，地主と小作人との間には土地の貸し借りを巡って取り引きが成立していた。

両者は同一の農村に居住していたため，天候不順による不作や冠婚葬祭による突発的な資金需要など，地主は小作人が窮地に陥った際に便宜を計ることが良くあった（例えば，小作料支払いの猶予や資金の融通）。小作人は生活の糧を得るために耕作地を借りることが必要である一方で，地主は土地を耕すために小作人を必要とし，しかも，同じ農村に居住し運命をともにしていた。したがって，両者の間には単純に割り切ることのできないウェットな関係があった。

しかし，植民地支配の成立はこうした農村部の伝統的な慣習を崩壊させるこ

とになった。そのきっかけが、貨幣経済と法律の導入である。法律の導入によって財産権が明確になると、そのことは地主を単なる土地所有者にさせた。すなわち、地主の不在地主化である。地主は法律によって自らの所有地が確定され、耕作地の貸し借りは契約によってすませることができるので、もはや農村部にとどまる必要がなくなった。その結果として、地主は同じ農村に居住し運命をともにすることがなくなったので、これまで果たしてきた小作人に対する便宜供与を行う必然性がなくなった。

次に、貨幣経済の導入は、農村を生存経済から商業経済へと変化させた。小作人がお金を必要とするのは、生存経済では不作を乗り越えるときや冠婚葬祭の時ぐらいであった。一方で、商業経済になると、上記以外にもお金を媒介としてさまざまな取り引き（例えば、資材の購入）をせざるを得なくなった。しかし、これまで資金を融通してきた地主はもはや不在地主であるので、それを小作人は期待することができない。そこで、登場するのが高利貸しである。高利貸しは担保を取って融資をビジネスとして営んでいる業者である。借入者が債務不履行の際には、かつての地主のように慈悲をかけることなく、担保を没収する。むしろ、小作人を農村から追い立てて、所有していたなけなしの土地でさえ没収して、不在地主に売却してまで利益を上げようという行動に出ることもあった。こうして、小作人の経済的地位はますます悪化の一途をたどった。そして、いったん貧困の渦に巻き込まれると、そこから抜け出ることは非常に難しかった。結果として、そうした小作人は、土地無し労働者となり、都市へ流れ、スラム住民となる以外に道はなかったのである。

③　アフリカの前近代的農法

アフリカにおける農村の貧困は、伝統的かつ非効率的な農業に依存することに端を発している。アフリカにおける農業の基本は焼畑式農業である。これは、森の一画に火を放ち、燃えかすの灰を肥料として農業を行う原始的な農法である。土地を耕すことをしなければ、灌漑によって水を引くこともしない。成育中に施肥することによって、養分を補給することもしない。農具は大なたなど昔ながらの道具しか使用しない。したがって、農繁期には人手が足りない

が，農閑期には農民は不完全雇用状態である。そういう状況の中で，サブサハラアフリカでは，人口増加が依然として旺盛であることから，生産性の低い焼畑式農業では十分に食べていけない状況に陥っている。

開発政策における農業の軽視

既述のように，発展途上国の農村では独立前にすでに貧困状態にあった。植民地支配からの解放後，発展途上国は経済発展を促進し，貧困からの解放を目指したが，採用された開発政策は農業を主体的な開発の対象としなかった。そのため，農村における貧困はそのままにされ，貧富の格差がさらに拡大する結果となった。

発展途上国に対する開発援助が本格化した当初，開発思想は現在と比較するときわめて単純であり，経済発展は工業化と同一視されていた。そのため，開発政策は工業化を優先する施策が中心となり，農業の発展や農村生活の改善については十分な注意が払われなかった。もっとも，それは農村をまったく無視したというよりは，工業化優先政策によって都市部門が活況を呈し，豊かになると，トリックルダウン効果を通じて，農村部門にも若干遅れはするが開発の果実が流れていくと考えられていた。これは二重経済発展理論が示しているとおりである。

しかし，工業化優先政策は農村部門を必ずしも豊かにしなかった。それは第9章で述べたように，工業生産高の伸びほど労働力の雇用は伸びなかったため，農村の余剰労働力を十分に吸収しなかったことに加えて，次の2つの点が挙げられる。第1に，工業化優先政策は工業化を進めるにあたって必要とされた資本財と中間財が発展途上国では内製化されていないため，先進国からの輸入に頼らざるを得なかった。そのため，外貨不足の発展途上国は自国の為替相場を高めに誘導して設定し，輸入代金の支払総額を節約しようとした。そのことがかえって発展途上国の主要輸出商品であった一次産品の価格競争力を弱める結果となり，輸出が伸び悩んだ。第2に，そもそも農業に対して無策であった。土地生産性を改善するための土壌整備や灌漑施設の建設，農法の改善や，労働生産性の改善のための農業の機械化などが真剣に考えられることはなかっ

た。こうした結果として，農業を主要産業とする農村部門は開発から取り残されることになった。

したがって，独立以前にすでに貧困にあえいでいた農村は，独立後もそうした状況から抜け出すことはできず，それどころか，そうした状況が悪化することさえあった。

第3節　農村政策の在り方

▍農業開発か，農村開発か

農業に対して有効な施策が行われなかったことと農村が開発の主体的な対象とならなかったことにより農村が開発政策において取り残されていた中で，天候不順などが重なって発展途上国では飢饉が頻発した。そうした事実が食糧増産の重要性と必要性を喚起することになり，農業開発が重視されるようになった。農業開発とは，食糧増産および生産性向上など農業分野の進歩を目指すとり組みである。それは，発展途上国の農業開発との関わりでいうと，1960年代にフィリピンの国際稲研究所（IRRI）が開発した米，小麦，トウモロコシの高収量品種を発展途上国に導入したことが代表的な例である。この高収量品種を使って食糧増産を目指し，飢餓を撲滅して農村の貧困問題を解決しようとする計画は「緑の革命」として知られている。

しかし，高収量品種の導入による食糧増産は計画どおりの効果を生まなかった。それは，「緑の革命」を実践するには，灌漑施設の整備など初期投資が発生し，しかも，種子や化学肥料，農薬の購入などのために継続的な支出が農民には求められたからである。しかし，これに対応できる農民は富農でしかなく，貧困にあえいでいる貧農には手も足も出なかった。その結果として，「緑の革命」は農村の貧困解決どころか，農村における貧富の格差を助長する矛盾に陥った。

一方で，さまざまな問題は相互に関連していることから，地域開発において工業，農業，教育，保健衛生などの諸問題に対して部門別に対処していくのは望ましくないという見解が支持を集めるようになった。その結果として，農村

の貧困問題に対処するには，農村の主要産業である農業のみに焦点を当てるのでは不十分であり，農村全体を開発の対象にしなければならない，すなわち農村開発という発想に結びついた。その具体的なとり組みとして注目されたのがバングラデシュのコミラ・モデルである。

コミラ・モデルとは，農村開発のパイロット・プロジェクトであり，バングラデシュのコミラ地区で行われていたことから，その場所にちなんで名付けられた。コミラ・モデルの組織上の特徴は二層式協同組合システムである。これは，200世帯ほどで構成される単位農業協同組合と，単位農協を郡レベルで農協連合として組織化して，重層的に農村開発を推進していこうというものである。現地の貧農のニーズを十分に把握しないで，上からの押しつけで進められた「緑の革命」の反省に立って，コミラ・モデルでは，現地の貧農の声を組織運営に反映させやすくし，地域密着型の施策を遂行できるように単位農協が設けられた。しかし，小さな組織ではできることに限界があるため，郡レベルで単位農協を組織化し，1つの大きな連合体にまとめることによって，小さな組織では実現することのできない大型農業機械の購入・リースや農民の声を政府に反映させることなど，大規模組織にしかできない業務も可能にした。

コミラ・モデルを遂行するにあたって，次の2つの目的が掲げられた。第1に，農業生産の増大であり，第2に，非農業部門の振興である。まず，農業生産の増大を実現するために採られた方法は，①農業機械や資材（種子，肥料，農薬など）の購入と農産物の販売を共同で行うこと，②生産情報網の構築，③農業の経営指導，④小規模金融制度の設立であった。また，⑤農産物の近隣市場への運搬を円滑にするための農村基盤整備（道路や橋梁の整備）にも力を入れた。

非農業部門の振興のために採られたとり組みは，①農村家内工業の奨励，②社会開発であった。農村家内工業は，不十分な農業収入に依存する農村の家計にとって，農外所得を獲得する機会を提供するものであり，その普及が奨励された。社会開発とは，農村の人々に教育や訓練の機会を与え，技能を高めて職業選択の幅を広げようとするものであり，また，保健衛生の充実も同時に推進された。このように，コミラ・モデルは開発の対象を農村における主要産業のみの発展にとどまらず，農村の生活全般を含んだ総合的な発展を目指すという

点で,きわめて斬新かつ理想的な計画であった。

 しかし,このコミラ・モデルにもいくつかの問題点があった。第1に,農民向けに設けられた小規模金融制度の受益者は,担保を出すことができる富農に限られた。第2に,農産物増産の一環として多角経営（米などの主食以外に野菜や果樹を生産すること）が奨励されたが,多くの貧農は多角経営に乗り出す資金的余裕がないのと同時に,失敗することをおそれて多角経営化は実現できなかった。第3に,非農業部門の振興を謳ったコミラ・モデルでさえ,農村の人々の家計は主に農業によって支えられるものであるという固定観念から抜け出すことができなかった。しかし,発展途上国の貧農はごくわずかな土地しかもたない者がほとんどであり,そうした貧農を貧困から脱却させるためには,農業に執着するよりも農外所得を見出すことの方が重要であり,また,確実であった。すなわち,脱農ストラテジーを重視すべきであったが,その点は二の次にされてしまった。

▍農外所得の重要性―グラミン銀行のとり組み―

 これまで農業に従事してきて貧困にあえいでいる者が,継続して農業に従事することから貧困脱却を目指すというのは,あまり現実的な解決策であるとはいえない。むしろ,農業への依存度を減らして,その他の収入源を見出すという観点で改善策が考えられるべきであろう。したがって,貧困からの脱却の手段として農外所得の確保が重要になる。

 農外所得とは,農業以外の経済活動から得る所得である。日本の兼業農家を連想するとわかりやすいかもしれない。貧農は継続して農業に従事するが,それ以外に農産物加工や籠づくり,土器の製造,家畜の世話,商店や食堂の経営などに従事するのである。このような副業を始めるには元手が必要である。しかし,貧農には籠づくりや家畜の世話などのノウハウはもっていても,それを事業として拡大するために資材を購入する資金的余裕はまったくない。

 そこで,重要になるのが,貧農に対して融資を行うことである。貧農は融資を受けるために通常は必要とされる担保を出すことができず,さらに,親の代の負債を背負ってきている者もいる。そういう貧農は普通は金融機関から相手

にされない。せいぜい融資を受けることができたとしても，それは高利貸しにしか相手にされないため，利益は高利貸しにかすめ取られてしまうのが常であった。

しかし，こうした状況を憂い，貧者を貧困の罠から救い出そうという試みがバングラデシュで始まり，その試みは大きな成果として実ってきた。それがユヌス（M. Yunus）によって創設されたグラミン銀行（Grameen Bank）である。グラミン銀行は普通の金融機関からは融資の相手にしてもらえないような担保をもたない貧困者，中でも貧困女性を中心に融資を行っている（借入者の96％以上が女性）。現在では，830万人以上が同行から融資を受けてきており，支店数は2,500店を超え，従業員数も2万人に上っている。

グラミン銀行から融資を受けた者は，これを事業資金として，商業や加工業，家畜の肥育などを始める。投資収益率は150％を達成しており，その結果として，返済率は98％に及んでいる。ユヌスは，貧者は盆栽であると述べている。すなわち，貧者が貧しいのは彼ら自身に問題があるのではなく，彼らを取り巻く環境に問題があるというのである。盆栽とはまさにそうで，植木鉢に植えられている限り，植木は大きくはならないが，ひとたび庭に植え替えられると大きく育つものである。したがって，貧者を取り巻く環境を変えるためには，これまで貧者を貧困にがんじがらめにしてきた社会のシステムから彼らを解放しなければならない。その方法の1つが，貧者が創意工夫を発揮できるようにするために，融資を通じて農外所得を獲得できる機会を設けることなのである。

▍農村開発の基本原則

農村開発とはいかなるものか。既述のように，農村開発は農業開発と同義ではない。農業開発とは，農法の改善や高収量品種の導入など農業生産性の向上をねらうものである。一方で，農村開発とは，農業の発展に加えて，非農業部門の充実も含むものである。農村工業を振興して農業以外の所得源を多様化し，教育や保健衛生などの社会的側面の発展も同時に達成しようという農村全体を開発の対象としている。したがって，農村開発は農業開発を含むもっと幅

の広い総合的な開発政策であるといえる。

　農村開発の構成要素は大別すると，①農業の近代化と②非農業部門の振興である。さらに細分化すると，農業の近代化には，農業技術の発展，農業の効率化（資材の共同購入，生産物の共同販売，農業機械の共同運営，経営指導など），農村基盤の整備が含まれる。しかし，既述のように，貧困を克服するためには脱農ストラテジーが重要である。したがって，むしろ非農業部門の振興が重視されるべきである。そのためには，農村家内工業の振興，その元手としてのマイクロクレジットの供与，初等教育や技能教育の推進，保健衛生の振興などを通じて，農村での暮らしを豊かなものにしていくとり組みが求められる。さらに，これらのとり組みは，政策遂行者がトップダウンで推進するのではなく，受益者である貧者の理解を得ることによって，信頼関係を築きながら進めることが大切である。すなわち，参加型開発を通じて実践されていくべきである。

　こうしたとり組みが成果を現し始めると，それは農村における貧困撲滅という結果だけに終わらない。すなわち，第9章で述べたように，都市問題は農村の貧困と密接な関わりがある。農村が豊かになると，農村から都市への出稼ぎ労働は勢いを減じるであろう。そうすると，都市問題の緩和にもつながっていくのである。農村はこれまでの工業化一辺倒の都市重視型開発政策の陰に隠れて無視されてきたが，実は発展途上国における国内の諸問題を解決するに当たって要の役割を担っているのである。

第11章
経済発展と国際貿易

第1節　発展途上国と国際貿易との関わり

▌発展途上国はどれほど国際貿易に関わっているか

　発展途上国はどの程度，国際貿易に関与しているのか。経済発展の程度が遅れていることは，それに応じて国際貿易への関与も低いのであろうか。この問いに答えるために，まずは日本がどのような諸国と国際貿易を行っているのかについて考えてみよう。

　日本は貿易立国といわれる。それは，工業化が進んでいる日本は世界各地からその原材料としてさまざまな天然資源を輸入しているからである。さらに，日本が輸入する商品は工業原料（原油，天然ガス，鉱物資源など）に限らず，工業製品（家電製品，衣類，工業部品など）や食糧（小麦，トウモロコシ，大豆，生鮮食料品，加工食品など）にも及んでいる。食糧については意外と先進国から輸入しているが，工業原料や原油，工業製品は多くの発展途上国から輸入している。一方，日本はさまざまな工業製品（完成品や工業部品など）を世界各地へ輸出している。輸出についても，先進国のみならず，近隣のアジア諸国や発展途上国が主要貿易相手国になっている。これを逆に見ると，発展途上国も国際貿易とまったく無関係に経済運営をしているわけではなく，むしろ日本との国際貿易において主要貿易相手国となるほど活発な国際取引をしているのである。

商品貿易の動向

世界の商品貿易額は，1970年以降，拡大する。その拡大は高所得国による商品輸出に起因するところが大であった。しかし，発展途上国の中でも中所得国による商品輸出が次第に顕著になり，現在では世界の商品輸出を考える上で，中所得国の貢献を決して無視することはできない。

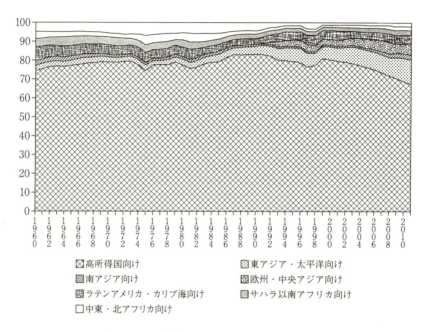

図11-1　商品貿易の輸出先別割合の推移（%）

（出所）世界銀行データベースより作成。

商品貿易の輸出先を地域別でみると（図11-1を参照），1960年から1990年代辺りまでは，世界の商品貿易の7から8割程度が高所得国向けであり，発展途上国の中で比較的割合が高いのはラテンアメリカ・カリブ海向けの商品貿易であったといえる。しかし，1990年代に入るとその傾向に変化が現れ，高所得国向けの割合が縮小する一方で，発展途上国向けの商品貿易の割合が拡大している。特に，東アジア・太平洋向けおよび欧州・中央アジア向けの割合の拡

大が顕著である。

経済発展と貿易依存度

次に，発展途上国経済に対する世界貿易の影響について，貿易依存度の観点から見てみよう（図11-2を参照）。貿易依存度は一国の輸出入額をその国のGDPで除した値であり，国際貿易が一国経済に及ぼす影響の程度を表すものである。すなわち，貿易依存度が高い場合には，輸出入の拡大や縮小に応じて，一国の景気が大きく左右されることになる。逆に，貿易依存度が低い場合には，輸出入の変化は一国の景気にそれほど大きな影響を及ぼすとはいえない。むしろ国内要因の方がより重要な景気刺激要因ということができるであろう。

このグラフから見てとれる第1のことは，貿易依存度は国によって多様であり，所得水準に応じて一定の傾向があるというわけではないということであ

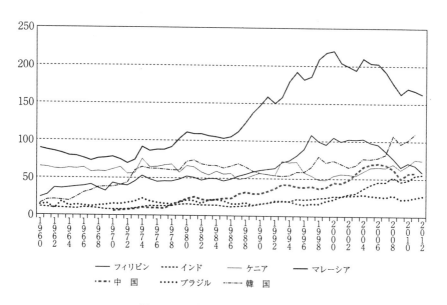

図11-2 貿易依存度の推移（％）

（出所）世界銀行データベースより作成。

る。第2に，所得水準にかかわらず，ある一時期を境に貿易依存度が急上昇している国が少なからずあることである。低所得国では1990年代に入ってからフィリピンなどでそうした傾向が現れている。中所得国では，それよりもう少し早い1980年代辺りから上昇し始めており，例えば，マレーシアがそれに当たる。高所得国では，韓国の貿易依存度が1970年代に入ってから急上昇している（当時の韓国はアジアNIEsの一員であった）。こうした現象の要因には，これらの諸国で工業化が本格化したことと決して無関係ではない。これらの諸国では，輸出加工区を設けて積極的に外資系企業を誘致して工場を設立し，原材料を輸入して，それらを加工の上，先進国市場へ輸出するという加工貿易を積極的に推進した。すなわち，外国直接投資（FDI）主導型工業化を推進した結果が，貿易依存度の上昇で示されているのである。

その貿易依存度は100%に迫るか，あるいは，それをはるかに超えるきわめて高い水準であり，一国のGDPをはるかに上回る規模の国際貿易に従事している発展途上国も決して珍しくはないのである。したがって，一国単位で見ると，発展途上国といえども，国際貿易とは無縁の存在ではない。むしろ国内景気を左右するきわめて大きな要因であるとともに，経済発展の行方をも決定づける大きな要素であるといえる。

国際貿易と輸出工業化率

次に，発展途上国は主にいかなる商品を輸出しているのかについてみていこう（図11-3を参照）。

輸出工業化率（輸出総額に占める工業製品輸出額の割合）が高い国では，工業化が相当進んでおり，産業構造に占める工業部門の位置が高いと推測できる。逆に，輸出工業化率が低い国では，工業化はある程度進んでいるとしても，産業構造に占める第1次産業や，第2次産業の中でも鉱業の位置が高い，すなわち一次産品生産部門の位置づけが高いとみなすことができるのである。

そうすると，発展途上国では，当初は輸出工業化率の水準は低く，中所得国（マレーシア）の場合は1980年代に入って以降，低所得国（フィリピン）の場合は1990年前後以降，輸出工業化率が大きく上昇する傾向が現れている。これは，

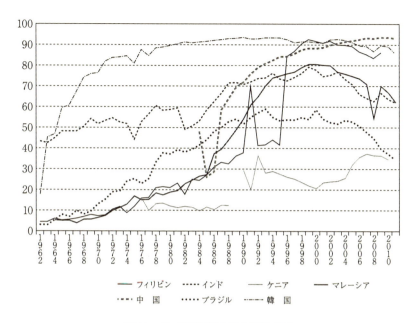

図11−3 輸出工業化率の推移（％）

（出所）世界銀行データベースより作成。

発展途上国において本格的な工業化がいつ頃開始したのかを示すものである。それまでは，植民地支配体制の下で宗主国との間で垂直的分業関係が構築され，植民地は一次産品の輸出に特化していた。植民地からの解放後もしばらくは，そうした特徴を維持したが，FDI主導型工業化によって発展途上国の中には加工貿易を始める諸国が出てきた。その結果が，一部の発展途上国における輸出工業化率の急上昇として現れているのである。

ところで，韓国の輸出工業化率の推移はきわめて劇的であることに気づくであろう。これは，韓国が戦後のわずかな期間で極貧状態から先進国化するという奇跡的とまで形容された経済発展を遂げたからである。韓国の輸出工業化率は1980年頃を境に，それ以前は中所得国の特徴を示し，それ以降は先進国の特徴を示しているとまとめてもよいであろう。ちなみに，日本やドイツのような先進国では輸出工業化率は9割前後である。

第2節　国際貿易と経済発展との関係

▌比較優位理論

　では，国際貿易は経済発展にいかなる効果をもつのであろうか。本節では，それについて理論的に捉えよう。

　まず，比較優位理論は，貿易相手国の双方が国際貿易を行う方が自給自足の場合よりも大きな経済的な恩恵を手にすることができるとするものである。この理論の出発点として，発展途上国と先進国は工業製品と農産物の両方を生産し，貿易を行わず自給自足しているとする。先進国は発展途上国より効率的にどちらの商品も生産できるとしよう（これを絶対優位という）。しかし，そうであったとしても，それぞれの国ではいずれか一方の商品の生産の方が他方の生産よりも効率的に生産できる場合があるはずである。例えば，先進国では工業製品に，発展途上国では農産物においてそれぞれ効率的な生産ができると考えられる（これを比較優位という）。

　この場合，発展途上国は経済資源を農産物の生産に特化し，国内消費を上回って産出された余剰分を先進国へ輸出し，それに見合った分の工業製品を先進国から輸入する。同じように，先進国は工業製品の生産に特化し，国内消費を上回る余剰分を発展途上国へ輸出し，それに見合った分の農産物を発展途上国から輸入する。これによって，発展途上国も先進国も，自給自足の場合には達成できなかったより高い水準の消費を実現することができる。すなわち，双方の諸国はともに比較優位品目の生産への特化と国際貿易から恩恵を得ることができるのである。

　したがって，比較優位理論によると，工業製品であれ農産物であれ，自由貿易をすることが基本であり，それが経済発展を導く重要な要素の1つということになる。

▌プレビッシュ＝シンガー命題

　プレビッシュ＝シンガー命題は，比較優位理論とは逆に，輸出悲観論であ

る。

　この考え方が登場するきっかけは，植民地支配から解放され，主権国家として独立した発展途上国が，依然として経済的には旧宗主国に依存し，経済発展が軌道に乗らないのはなぜかという疑問があったからである。当時の南北貿易，すなわち，先進国と発展途上国との間の貿易構造に着目し，そこから低開発の手がかりを見出そうとした。

　そこで，この命題は商品交易条件を用いて，発展途上国の経済発展には国際貿易を通じていかなる影響が及ぼされているのかについて検討した。商品交易条件は，分母に輸入価格指数，分子に輸出価格指数をとり，その値がどのように経年変化してきたかを見ることによって，経済発展と国際貿易との関係を分析する指標である。仮に商品交易条件が上昇すると（これを改善すると表現する），国際貿易が国内経済によい影響を及ぼしていると判断する。逆の場合は悪化しているとと表現し，国際貿易は国内経済に好ましい影響を及ぼしていないと判断する。

　これに基づいて，発展途上国の商品交易条件を分析すると，長期的に低下する傾向にあるとされた。発展途上国で本格的な工業化が開始する1980年代以前では，発展途上国の主要輸出品は一次産品であり，主要輸入品は工業製品であった。発展途上国の商品交易条件が長期的に低下傾向にあるということは，輸入物価指数（工業製品）が上昇するか，輸出物価指数（一次産品）が下降するか，あるいは，その両方である。現実には，一次産品価格が（ただし原油を除く）継続して低下していた。つまり，国際貿易は発展途上国の経済発展にとって不利であると結論づけられた。

　したがって，これに基づくと，発展途上国は輸入工業製品を国産化によって置き換えることが必要不可欠ということになった。一部の発展途上国（特にラテンアメリカ諸国）では，この考え方を経済政策に取り入れて，工業製品国産化計画を推進した。

　しかし，プレビッシュ＝シンガー命題にも大きな問題点があった。それは，①この命題は発展途上国がなぜ低開発なのかという要因しか究明していない，②この命題が提示する解決策は不平等関係の破壊と新たな秩序の再構築である

が，再構築の後いかなる経済運営をするかの具体策はない，③工業製品国産化計画が失敗したことはすでに歴史が証明している，ということなどである。

第3節　経済発展のための貿易戦略

輸出促進戦略

　発展途上国にとって，国際貿易にどのように関与すれば経済発展がもたらされるのであろうか。貿易戦略には大別すると，外向き戦略である輸出促進戦略と，内向き戦略である輸入代替戦略がある。まず，それぞれの戦略について説明しよう。

　①　一次産品の場合

　一次産品はもともと発展途上国の主要輸出品であった。1965年の時点では発展途上国の全輸出の7割から8割が一次産品であった。その後，発展途上国の工業化によってその割合は逓減してきているが，2000年に入っても4割程度を占めており，依然として重要な輸出品の1つである。

　この一次産品の輸出促進策は有望であろうか。その際に勘案すべき点は，①需要側（先進国）の要因と②供給側（発展途上国）の要因である。まず，需要側の要因については，先進国における一次産品需要の所得弾力性・価格弾力性と人口増加率について検討しなければならない。例えば，砂糖，コーヒー，茶，ココアなどの食料品の需要の所得弾力性はせいぜい0.3から0.5と見積もられており，低い水準にとどまっている。つまり，非弾力的である。次に，価格の低下は所得の上昇と実質的には同じ意味であることから，需要の所得弾力性が低いということは，価格弾力性も低いということになる。さらに，先進国の人口増加率は大して高くはなく，将来的に需要人口が飛躍的に拡大するという見通しは立たない。したがって，一次産品の輸出促進戦略はあまり有望でないことがわかる。

　そのため，発展途上国は，輸出収入の安定的確保を目指して，1964年のUNCTAD第1回総会以降，国際商品協定の締結（すなわち一次産品問題）を「三

大要求」の1つとして継続して要求していくことになる（国際商品協定の概要と帰結については，第4章第3節を参照のこと）。

次に，供給側の要因についてである。一次産品の輸出促進戦略を推進するには，世界の一次産品市場への供給を目論んで，商業生産が発展途上国において実施されていなければならない。しかし，発展途上国の農業は二分化されており，輸出向け生産を担っているのはプランテーション経営の農業である。こうした農業は先進国資本で行われていることが常であり，輸出から生み出される利益は先進国の親会社へ吸収されていくものである。

一方で，現地の農民が従事する農業は基本的には自給自足型である（第10章第1節を参照のこと）。こうした農業では，限られた資源（農機具や種子，肥料など）しか保有しておらず，土地も狭くしかもやせており，彼らはリスクをとってまで商業生産に乗り出そうとはしない。こうした供給側の要因も一次産品の輸出促進戦略の実現を阻む大きな要因となっている。

② 工業製品の場合

では，工業製品の輸出促進戦略はどうであろうか。発展途上国は工業製品を先進国から輸入するのが常であった。したがって，1965年時点で，発展途上国の全輸出に占める工業製品の割合は1割から2割程度でしかなかった。しかし，発展途上国の工業化促進の結果として，2000年では全輸出の6割前後に達している。すなわち，一部の発展途上国は工業製品輸出国に転換したのである。さらに，先進国における工業製品需要の所得弾力性および価格弾力性はいずれも高い。すなわち，弾力的なのである。そうすると，発展途上国は工業製品の輸出促進戦略を採用することによって，経済発展を加速させることができるのであろうか。

しかし，現実はそれほど容易ではない。発展途上国が工業製品を輸出することを阻むさまざまな要因が現れている。第1に，先進国において保護主義が台頭していることである。貿易摩擦は1960年代からすでに日米間で始まっていたが，1980年代に入ると先進国は工業製品や加工品に対する保護を強化するようになった。表11-1に示されているように，加工度が上がると税率が上

表11-1 日本における加工品と一次産品に対する関税率の違い

一次産品		加工品	
品目	関税	品目	関税
原料小麦（原材料）	¥55/kg	小麦（製品）	¥90/kg
菜種、大豆（原材料）	無税	精製油（製品）	¥13.2/kg
粗糖（原材料）	¥71.8/kg	精製糖（製品）	¥103.1/kg

（出所）みずほ銀行産業調査部（2013）「TPPシリーズ⑩ TPP参加が加工食品メーカに与える影響」『Mizuho Short Industry Focus』No.69 より作成。

昇するように関税が設定されており，発展途上国が一次産品に加工を加えて付加価値をつけようとする努力を削ぐ方向に働いてしまっている。

　第2に，世界貿易機関（WTO）に新たに備わった貿易紛争処理機能が悪用されていることである。1995年にWTOに引き継がれる前のGATT体制の下で貿易摩擦が発生したときは，こうした機能が備わっていなかったことから，経済力が強い国が紛争処理の決定権を握ることになり，灰色措置がまかり通った。その反省に立って，WTOでは紛争処理機能が追加された。それによって，大国も小国も対等に扱われることになったことは大きな前進であった。しかし，副作用も同時に発生した。それは，アメリカなど先進国が貿易ルールに違反しているとしてWTOへの提訴を乱発して，それを保護強化手段として使っているからである。紛争処理の結論が出るまでは，貿易の自由化を遅らせることができるため，時間稼ぎをすることができるのである。

　さらに，工業製品の価格が低下傾向にある。発展途上国が担うのは主に軽工業品の製造であり，ハイテク製品や重工業品の製造を担っているとしてもそれは主に組み立てが中心である。すなわち，付加価値が高い基幹部品は先進国からの輸入に依存している場合が多い。したがって，発展途上国は工業製品の生産に従事するようになってはいるが，あまり付加価値を創造しないのである。そういう中で，先進国の発注業者から値下げ圧力がかけられると，発展途上国は労賃の引き下げや労働条件の悪化を通じてコストを引き下げざるを得ない。したがって，工業製品の輸出促進戦略も発展途上国にとって文句なしに有望で

あるとはいえなくなっている。

■ 輸入代替戦略

次に内向き戦略の可能性についてである。前節でプレビッシュ＝シンガー命題に触れた際に，内向き戦略の失敗について述べた。しかし，内向き戦略には外向き戦略に転換する前段階としての役割を担わせるという考え方もある。その根拠は以下のようなことである。

それは，幼稚産業保護論という考えである。国内産業が先進国の多国籍企業といきなり互角に競争できるようになると考えるのはあまりにも非現実的である。むしろ，国内で興された企業（すなわち輸入代替産業）が規模の経済と学習効果を通じて輸出競争力をつけるまではある程度の保護が与えられてしかるべきであるという方が現実的である。したがって，幼稚産業保護論に基づく輸入代替戦略は，長期的な輸出促進戦略の一連の過程の中の導入期の部分としてみなすことができるのである。

しかし，そうはいっても，現実の企業経営は理論通りに順調に進展するものではない。これまでの各国のとり組みのほとんどは失敗に終わったといっても過言ではない。その理由には，①国内企業が非効率的な経営を継続した，②工業化が前方連関・後方連関効果を生み出さなかった，③為替相場の過大評価が輸出を困難にした，ことが挙げられる。第1の理由は，国内企業が政府から与えられた保護というぬるま湯になれきってしまい，効率的な操業を追求するどころか，保護の温存を要求するという矛盾に陥ってしまった。それほど保護の程度が高かったということであるが，それは名目保護率（国内企業が製造する製品と競合する輸入品に賦課される関税率の水準で保護の程度を表すもの）では推し量ることはできない。むしろ有効保護率を知ることが必要である。これは，国内製品と競合する輸入品に関税を賦課したことによって，その国内製品の製造に投入する生産要素がどれだけの恩恵を被ったのかという実質的な保護の程度を示すものである。表11－2は発展途上国の工業製品の有効保護率を表している。それによると，相当手厚い保護が政府から与えられている国があることが窺える。そうすると，無理に汗を流して仕事の効率化を実現するために業務に努力

表11－2　製品ないし産業ごとの有効保護率（％）

タ イ		中 国	
製　品	有効保護率 （1978年）	産　業	有効保護率 （2002年）
P/C織物	1,051.7	食品・たばこ製造業	246.5
P/R織物	913.4	交通運輸設備製造業	182.4
綿織物	390.0	衣服・皮革・その他繊維製造業	165.8
綿　糸	77.6	紡績業	118.7
ポリエステル・綿混糸	25.9	電気機械・機器製造業	92.7

（注）P/Cはポリエステルと綿，P/Rはポリエステルとレーヨンをそれぞれ意味する。
（出所）山澤逸平（1981）「タイ繊維産業輸出化の分析」『一橋大学研究年報　経済学研究』No.23, p.221；長田博（2003）「中国のWTO加盟による短期的影響と貿易をめぐる諸問題」『国際開発研究フォーラム』No.24, p.16より作成。

するよりは，政府に対するロビー活動を通じて現在の保護という既得権益を維持する方向に流れてしまうのである。

　第2に，輸入代替産業がその他の国内産業に何ら波及効果を及ぼさなかったということである。前方連関効果は，輸入代替産業が生産した部品や投入財が国内のその他の産業に投入されることによって，国内産業の生産活動が促進される効果のことである。しかし，輸入代替産業が生産した生産物は高価であり，しかも，品質があまり高くないこともあって，国内企業にとっては輸入代替産業が製造した製品を購入するメリットはまったくなかった。

　後方連関効果は，輸入代替産業の政策拡大が国内の部品や投入財供給産業に及ぼす波及効果である。しかし，輸入代替産業が製造している製品はもともとは先進国からの輸入であったので，発展途上国内でその製品の部品の製造はしていなかった。そのため，輸入代替産業は先進国からの部品輸入に依存するのが常であった。結局は，これまでの製品輸入が輸入代替戦略によって部品輸入に置き換わっただけであった。本来であれば，輸入代替産業の設立のための投資が，乗数効果を通じて，経済のさまざまな側面に波及効果をもたらすことが望ましい。ところが，現実には輸入代替産業は先進国の飛び地のようであり，

発展途上国経済に及ぼす影響は限定されたものであった。

　第3は，為替相場の過大評価が及ぼした悪影響についてである。発展途上国は外貨が常に不足しているため，輸入代替産業の設立とその操業に必要となる資本財や中間財ないし原材料の輸入のために外貨を節約しなければならなかった。そこで政府が採った措置は，自国の為替相場を実態とは乖離させて引き上げたことである。つまり，自国通貨高にすると，輸入品価格が以前より安価になるためであり，外貨の使用を節約できるのであった。

　しかし，自国通貨高により輸入がしやすくなるということは，逆に輸出がしにくくなることである。依然として，発展途上国の主力輸出商品は一次産品であったが，価格が上昇したために輸出を伸ばすことができなかった。そのため，輸入は促進される一方で，輸出は促進されず，外貨獲得が困難になったのみならず，貿易収支の悪化にもつながった。

▌輸出促進戦略か，輸入代替戦略か

　上記の議論を踏まえて，輸出促進戦略か，輸入代替戦略のどちらを採用するのが発展途上国の経済発展にとって望ましいのであろうか。実は，どちらか一方の戦略が他方よりも常に優れているというものではないというのが，理論的にも，歴史的にも適切な解釈といえる。

　すなわち，植民地支配から解放された当初の1950年代から60年代は，発展途上国は工業製品国産化計画の下で内向き戦略を採用した。しかし，一部の発展途上国はいち早く内向き戦略の限界を認識して外向き戦略に転換し，積極的な工業化を推進して加工貿易を行った。特に1970年代後半から1990年代までは外向き戦略が支配的であった。しかし，2000年代に入ってリーマンショックや欧州通貨危機が勃発すると，世界の景気は低迷し，どちらかというと内向き戦略が支配的である。

　このように，どちらか一方の戦略がいつの時代にも適応できるというものではなく，世界経済の動向と自国の経済発展の状況に応じて使い分けられてきたというのが現実的な見方であるといえる。そして，その使い分けが比較的首尾良く行われたのがアジアNIEsといってもよいであろう。

とはいうものの，現在では，貿易戦略を駆使して商品輸出の攻勢をかけるという正攻法では経済発展を軌道に乗せ，それを維持することは次第に難しくなってきている。それは，WTOの下での多角的貿易交渉が遅々として進まない中で，一部の諸国が二国間自由貿易協定を締結し，抜け駆け的に限定的な自由貿易を推進しているからである。こうした動きには先進国が関わっており，この貿易圏から外されてしまうと，発展途上国はますます国際貿易から利益を獲得することが困難になる。では，発展途上国はどこに活路を見出すべきであろうか。1つの可能性が，発展途上国同士で地域経済統合を結成することである。これについては，次章で詳しく見ていこう。

第12章
経済発展と経済統合

第1節　経済統合とは

経済統合の5段階説

　発展途上国の利益を確保する手段の1つとして地域経済統合を発展途上国同士で結成することが挙げられる。そもそも地域経済統合，あるいは，より簡単に経済統合とはいかなる概念か，いかにして実現するのかということについてみていこう。

　経済統合の類型化に関する周知の見解は，1961年にバラッサ（B. Balassa）が表した5段階モデルである。バラッサによると，経済統合は，①自由貿易地域，②関税同盟，③共同市場，④経済同盟，⑤完全な経済統合の5つの段階に分類される。自由貿易地域とは，国際貿易を行っている複数の諸国が貿易を通じた経済交流を一層深めるために，関税や輸入数量制限などの貿易障壁を互いに撤廃して，当事国間で貿易のルールを統一化するものである。しかし，これらの諸国は経済統合の条約締結国以外の諸国（すなわち域外国）との間でも国際貿易をしているのが普通である。その場合には，締結国はそれぞれ独自の貿易障壁を域外の貿易相手国に対して設けることが認められている。

　次に，関税同盟は，経済統合の域内国の間では共通の貿易障壁を設けているという点では自由貿易地域と同一である。自由貿易地域との相違点は，域外国との国際貿易についても貿易障壁を統一化することである。したがって，条約締結国は国際貿易面ではあたかも一国とみなすことができる。関税同盟は自由貿易地域より経済統合の程度が一歩進んでいる。

共同市場は，まず，関税同盟の特徴を備えた上で，さらなる自由化が域内国の間で推進される。それは，域内における労働力などの生産要素の自由な移動である。したがって，共同市場では，関税同盟よりもさらに経済的な国境が低くなる。経済同盟は，共同市場の特徴に加えて，域内国間での経済政策の調整が行われるようになる。したがって，域内各国間の経済的な結びつきは一層緊密なものになる。

　最後に，完全な経済統合の段階に入ると，域内各国の経済政策は完全に統合され，さらに，超国家的な機関も設置される。すなわち，完全な経済統合によって，市場が完全に統合され，経済政策も統一的に策定かつ実施され，一国単位の時よりもさらに大きな経済圏が結成されることになる。したがって，規模の経済のメリットが存分に発揮され，経済活力が最大限に引き出されることが期待される。このように，経済統合の進捗は，まずは商品貿易の自由化という比較的，経済協力がしやすい段階から始まり，その後，域内国の経済的連携や経済協力の必要性に応じて，より高い段階の経済統合へと進行していくものと一般的には考えられる。

　現在，世界には多くの地域経済統合の枠組みが結成されている。JETRO調査によると（http://www.jetro.go.jp/jfile/report/07001093/fta_ichiran_2012.pdf），2013年9月時点で，世界で発効済みの自由貿易協定は252件も存在しており，政府交渉は完了しているが批准が終わっていないものおよび交渉中のものは103件に上っている。日本やアメリカ，欧州連合（EU）などの先進国や中国，東南アジア諸国連合（ASEAN），ブラジル，南アフリカ共和国などの発展途上国もさまざまな地域経済統合の枠組みに参加している。ただ，その多くは，バラッサの5段階モデルにあてはめると，第1段階の自由貿易地域であり，地域経済統合の段階では最もレベルの低い初期段階にある。

　これに対して，EUは1958年の欧州共同体（EC）の発足以来，域内関税を撤廃するのに加えて，域外共通関税を設定している。さらに，域内国との間の経済交流を妨げていたさまざまな障壁を撤廃し，1992年には単一市場を実現した。これにより，域内国の国民であれば，EU内は自由に移動ができるようになった（もちろんパスポートの所持は必要である）。これは，5段階説では共同市場

の段階であるといえる。その後，2002年には，共通通貨であるユーロを導入した（その結果として，ドイツ・マルク，フランス・フラン，イタリア・リラなどは廃止された）。それに先だって，ユーロ導入国の中央銀行から金融政策が集約されて欧州中央銀行という超国家機関が1998年に設立された。また，1979年に欧州議会選挙が実施され，政治的側面における加盟国の一体化も進展している。したがって，5段階説に照らし合わせると，EUは経済同盟と完全な経済統合の双方にまたがる世界で最も緊密な経済関係を実現している地域経済統合であるといえる。

　しかし，世界の地域経済統合のあらゆる事例が，5段階説のいずれかに必ず該当するとはいえない。むしろ，現実の地域経済統合の実態はもっと複雑である。例えば，EUの前身として1951年に設立された欧州石炭鉄鋼共同体（ECSC）は，国力の源泉となる天然資源である石炭と鉄鋼の取引自由化を実現して経済的利益を確保するとともに，これらの資源を巡って戦争が繰り広げられた歴史を克服し，永続的な平和を実現することを祈念するという経済的かつ政治的な目的を同時に達成しようとするものであった。そして，1957年には，エネルギー安全保障と原子力エネルギーの平和利用を目的として，欧州原子力共同体（Euratom）が設立された。さらに，同年には，欧州に単一市場を創造しようという目的から，欧州経済共同体（EEC）が設立され，関税同盟が発足した。すなわち，EUはそもそも経済活動の自由化と政策協調を一気に実現することを目的として推進されてきたのであった。したがって，地域経済統合締結のきっかけは国際貿易の自由化から始まって，機が熟したときに次の段階に進むという整然とした段階を経るものでは必ずしもなく，政策協調から始まる場合やそのミックスもある。いかなるきっかけが地域経済統合の端緒かによって，その後の経済統合の深化のスピードに影響が及ぶことになるともいえる。

世界の地域経済統合の特徴

　世界の252件の地域経済統合の実態はいかなるものであろうか。
　まず，主な諸国の地域経済統合の実態を見てみよう。日本やアメリカは主に近隣諸国との間でFTA（Free Trade Agreement，自由貿易協定）やEPA（Economic

Partnership Agreement, 経済連携協定) などの地域経済統合 (FTA は財とサービスの貿易自由化を目指すのに対して，EPA はそれに加えて，投資や人の移動の自由化，知的財産権の保護，競争政策のルール作りの促進も含まれている) を締結している。EU は近隣諸国にとどまらず，アフリカ，ラテンアメリカの多くの諸国と地域経済統合を締結している。さらに，交渉相手国には経済規模とともに国際貿易額も大きい日本，中国，ASEAN が含まれている。したがって，EU の地域経済協定の対象は世界にくまなく広げられていることが窺える。

このような世界の地域経済統合の参加国にはいかなる特徴があるのか。先程と同じ JETRO 調査によると，2013 年 9 月時点に締結されている地域経済統合 252 件に占める割合は，発展途上国同士の締結件数が半数を超えており，圧倒的に多い。これは，近隣の発展途上国同士の二国間 FTA の事例が多いことから，そうした結果となっている。また，ラテンアメリカ域内に限定された地域経済統合は 22 件あり，サブサハラアフリカ域内に限定された地域経済統合は 17 件に上っている。

一方で，日本・タイ経済連携協定のような先進国と発展途上国との間の地域経済統合は件数では 2 割弱でしかない。日本が関わる地域経済統合は 13 件である。ただし，2 割弱を占める既存の地域経済統合と発展途上国との間の地域経済統合には EU と発展途上国との間の FTA などが含まれていることからすると，先進国と発展途上国との間の地域限定的な自由貿易の機会はもう少し多いといえる。ちなみに，経済発展が著しい中国は先進国や発展途上国との間で 11 件の地域経済統合を締結している。

地域経済統合の締結は国際貿易にいかなる影響を及ぼしているのであろうか。図 12 - 1 は主要な地域経済統合による輸出入が世界貿易に占める比重の推移を見たものである。それによると，EU や NAFTA の相対的な比重が目立って逓減しているが，南米南部共同市場 (MERCOSUR (メルコスール)：域内の貿易政策とマクロ経済政策の協調を目的に 1991 年に設立，アルゼンチン，ボリビア，ブラジル，パラグアイ，ウルグアイが加盟国) やアンデス共同体 (Andean Community：域内の経済発展の促進を目的に 1969 年に設立，ボリビア，コロンビア，エクアドル，ペルーが加盟国) の相対的な比重はそれほど増えていない。ASEAN についてはわず

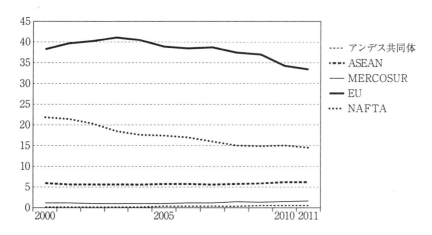

図12−1 主要地域経済統合による国際貿易の対世界貿易比（%）
（出所）WTOデータベースより作成。

かに上昇しているのがわかる。

したがって，地域経済統合を結びさえすれば，自然に締結国間で国際貿易が拡大するとはいえない。例えば，MERCOSURでは，ブラジル・レアルの切り下げにともない，ブラジルからの域内輸出が増大したことが域内での貿易不均衡を拡大したことによって，ブラジルとアルゼンチンとの間で貿易摩擦が発生している。西アフリカ諸国経済共同体（ECOWAS：ナイジェリア，ガーナ，コートジボワール，セネガルなど15カ国で1995年発効）は，加盟国の中で経済規模が最大のナイジェリアが輸入禁止品目を設けていることから，貿易自由化は制度的には成立しているが実効性をともなっているとは必ずしもいえない。南部アフリカ開発共同体（SADU）自由貿易協定（南ア，ボツワナ，モザンビーク，ザンビア，ジンバブエ，タンザニアなど12カ国で2000年に発効）は2015年までに共同市場，2016年までに通貨統合を目指しているが，2013年8月時点で依然として関税同盟に至っていない。東アフリカ共同体（EAC：参加国はケニア，タンザニア，ウガンダ，ルワンダ，ブルンジで2000年に発効）は2010年に域内関税の撤廃が完了し，ヒト・モノ・カネの移動の自由化を推進しようとしているが，非関税障壁（煩雑な貿易手続き，基準認証の相違など），インフラの未整備のため依然として課題が山

積している。南アジアでは地域経済協力のとり組みとして南アジア地域協力連合（SAARC：参加国はインド，スリランカ，ネパール，パキスタン，バングラデシュ，ブータン，モルディブ）が1985年に設立されたが，自由貿易協定の締結には加盟国の中でなかなか同意が実現しなかった。それは，加盟国の経済構造が補完的でなく，自由貿易協定はインドを利するだけであるという危惧が加盟国（特にパキスタン）の中にあったからである。その後，インドとパキスタンにおける政権交代が経済政策の方針を転換したため，南アジア自由貿易地域（SAFTA）が成立している。

　最後に，地域経済統合の成立年代に見る特徴について見ておこう。世界の地域経済統合の枠組みは成立した時期によってその特徴に違いがみられる。1970年代までに成立したFTAの4割程度が先進国同士で行われたものであった（経済産業省『通商白書（2008年版）』）。しかし，最近成立した協定は発展途上国同士や先進国と途上国との間で経済的連携を深めるものが急増しており，FTAの9割に途上国が関わっている。また，FTAの対象国についても変化がみられ，以前であればFTAを結ぶ諸国は地理的に同一地域にあるのが当然のこととみなされたが，特に2000年以降成立した協定の4割以上が地域横断的なものである。

第2節　経済統合の根拠

動学的根拠

　なぜ地域経済統合を締結するのか。それは，2つの大戦の反省から平和を実現したいという政治的目的が1つの重要な原動力となるECSC（欧州石炭鉄鋼共同体）のような場合もあれば，大国による経済的な支配が自国経済を壊滅させるのではないかという政治的な思惑から自由貿易協定の締結を阻んだSAARCのような場合もある。こうした政治的な要素は決して無視できないが，経済学的に地域経済統合を推進する根拠は何であろうか。動学的根拠と静学的根拠に分けて説明しよう。

　地域経済統合の動学的効果は，域内諸国間での合理的分業を通じた利益の創

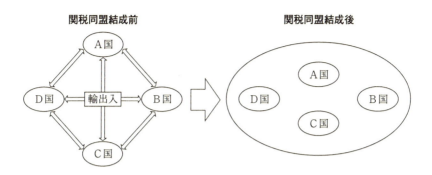

図12－2 経済統合の動学的根拠

出にある。FTA・EPAが締結されていない場合には（図12－2の左図を参照），諸国間は輸出入を介して線としてのつながりしかもっていない。この場合には，国際間の経済交流は小さな市場規模，貿易障壁や経済制度の相違などによって，自ずと限界がある。そのため，規模の経済を発揮することはできず，各国内で操業している企業は効率的な生産活動を展開できない。

しかし，ひとたびFTA・EPAが締結されると（図12－2の右図を参照），諸国間の経済的関係は線から面になる。したがって，経済的にはこれらの4カ国は一体として捉えることができることになり，経済規模が拡大し，規模の経済を発揮することができる。さらに，諸国間でモノの移動のみならず，ヒトやカネの自由移動と政策調整が実現すると，域内での適切な産業配置を推進することができ，それは域内での合理的な分業体制の確立に結実する。これが地域経済統合による動学的効果である。

静学的根拠

静学的根拠は締結国1カ国に注目して，FTA・EPA締結前後で，その国内においていかなる損益が発生したかを説明する。

まず，模式図からFTA・EPA締結の静学的効果を見てみよう（図12－3を参照）。締結前は，衣類生産に比較劣位であるB国は，国内の衣類産業の育成

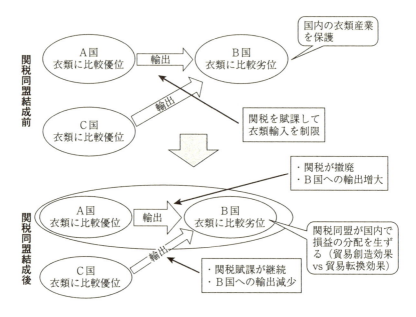

図12-3 経済統合の静学的根拠

のため、関税を賦課している。しかし、国内産業だけでは国内需要を満たすことができないため、衣類生産に比較優位をもつA国とC国の双方から衣類を輸入している。ここで、B国がA国と関税同盟を締結することになったと想定しよう。そうすると、A国とB国との間で関税が撤廃されて1つの統一された市場が形成されるため、B国はA国からの衣類輸入を拡大する（図では矢印の幅が大きくなったことで、貿易額・量の拡大を示している）。一方で、C国にとってはB国との間で継続して関税が賦課されることになるため、C国が輸出する衣類のB国内での価格が関税分、割高になり、A国との競争では不利になる。したがって、C国からB国への衣類輸出は以前より縮小することになる。

　この関税同盟はB国にとって有益であろうか。それは、関税同盟結成前後で、損益が消費者、生産者、政府の間でいかに分配されるかによって判断される。まず、衣類の輸入価格の低下はB国の消費者余剰を拡大する（これが貿易創造効果につながる）。一方で、関税の撤廃は政府の関税収入をゼロにする（これ

が貿易転換効果につながる)。結果として，前者の方が後者を上回る場合には，関税同盟はB国にとって利益になり，逆の場合には不利益になる(なお，ここでの貿易創造効果・転換効果の説明は直感的な把握にとどめ，厳密ではないことを断っておく)。

第3節　経済発展のための経済統合

▍世界貿易機関と発展途上国の利益

　1947年に成立した「関税と貿易に関する一般協定(GATT)」は，最恵国待遇と内国民待遇という基本原則を掲げて自由貿易の推進にとり組んだ。当初は数次にわたる関税引き下げ交渉(通称ラウンド)で平均35％に達する関税引き下げを実現した。しかし，世界経済の相互依存性がますます高まり，諸国間でモノの移動だけでなく，ヒトやカネの移動も活発になってくると，そのすべてをGATTの枠組みで制御することが困難になってきた。その結果，マラケシュ協定が調印され，1995年に世界貿易機関(WTO)が設立された。

　WTOは，交渉対象品目を工業製品に限定したGATTとは異なり，農産物，サービス，知的所有権，貿易関連投資措置(TRIM)も対象とした。TRIMでは，ローカル・コンテント要求，為替規制，国内販売要求等の規制が禁止された。さらに，GATTにはなかった貿易紛争処理機能がWTOには付与され，アンチ・ダンピング税，セーフガードなどの運用手続きについて明確なルール化が図られ，輸出自主規制という灰色措置の廃止が明記された。GATT体制の下で経済大国が国際貿易のルールを歪めてきたことに鑑みると，WTOにおけるこうした一連の新しい機能は，発展途上国のような弱小国家にとっては有利なものであるはずであった。

　しかし，WTO体制の下でも，発展途上国は安心して貿易に従事することができなかった。それは，アジアNIEsやASEAN諸国など，先進国経済を脅かす存在にまで成長した発展途上国が台頭していることと関係する。つまり，一部の先進国は，発展途上国が抱えるさまざまな問題(例えば，環境，労働基準，競争政策，汚職など)と貿易とを絡めて，「不当な」状況の下で製造された工業製品を先進国へ集中豪雨的に輸出されることはWTO違反であると主張してい

る。そして，それらの先進国は紛争処理調停を WTO に対して頻繁に訴えて，貿易自由化への時間稼ぎをしている。こうした先進国の姿勢はむしろ WTO の悪用であり，「新たな南北問題」として，発展途上国の反発を呼んでいる。したがって，WTO 加盟国である以上，発展途上国といえども自由貿易の推進は必要であるが，その一方で，発展途上国は単独ではなく，共同で自らの立場を守らなければならない。その方法の1つが，地域経済統合の推進と合理的国際分業である。

地域経済統合が利益を生む条件

FTA・EPA の締結から利益を得るためには動学的効果が期待でき，静学的効果が純益を生むことが必要である。そのためには，いかなる条件を整えなければならないか。次の2つの条件が重要である。

まず，FTA・EPA の締結相手国をナチュラル・トレーディング・パートナー（NTP）の中から選ぶのが望ましいという考えがある（経済産業省『通商白書(2001年版)』）。NTP に相当する国は，FTA・EPA の締結前に，すでに貿易額・量が大きかった貿易相手国であるか，あるいは，近隣諸国である。前者の場合には，すでに二国間で貿易が頻繁に行われているため，FTA・EPA を締結することによって，これまでの二国間貿易の流れに意図的な変更を迫る可能性は低い。むしろ二国間貿易を一層促進させることになるため，域内の経済活動を活発化し，経済的な恩恵をもたらすことが期待できる。後者の場合には，あまり活発な二国間貿易がなかったとしても，双方が地理的に近接していることから輸送コストが低いという利点を活用することができる。

次に，FTA・EPA の締結相手国の産業構造や市場規模，技術水準等が十分に検討されなければならない。例えば，関税水準がすでに相当低く（特に工業製品については），高い技術水準をもっており，投資余力もある先進国との間でFTA・EPA を締結する場合，発展途上国にとって期待される動学的効果は，先進国の企業が自国に進出することによる経済活動の活性化と先進国企業がもたらす高度技術の拡散である。これに対して，発展途上国同士の FTA・EPA の場合，発展途上国における小さな経済規模を拡大し，規模の経済を発揮させ

ることである。

　もっとも，いずれの場合にせよ，動学的効果を得るためには，FTA・EPA の締結国が互いに市場開放の努力を心がけ，政策協調にも応じる必要がある。そうしない限り，たとえ FTA・EPA を締結したとしても締結国の双方に自動的に利益を生み出すわけではない。既述のように，発展途上国同士の地域経済統合には，有名無実のものも少なからず存在している。政治的要因やイデオロギーが FTA・EPA 締結の経済的論理を圧倒してしまうと，地域経済統合は進捗しないか，最悪の場合には崩壊してしまう。

第13章
経済発展と債務・通貨危機

第1節　経済活動と国際収支

国際収支の見方・捉え方

　国家の運営は家計のやりくりと似ている。一家が生活を営むには食費や光熱費，住居費（住宅ローン，家賃），教育費，娯楽費，交際費などさまざまな支出が想定されるが，それをまかなうのが主に給与である。しかし，乗用車や不動産など多額の支出をともなう場合には金融機関からの借入を行うこともある。家計簿をつけることによって，家計のやりくりが一目瞭然としてわかる。

　国家の運営も同様に考えることができる。表13 - 1は一国の家計簿のように捉えればよい。国家間には商品・サービスの輸出入があり，金融商品の売買があり，資産の所有権移転などがある。それらの1年間の国家間取引を一覧表にしたものが国際収支表である。大項目として，①経常収支，②資本移転等収支，③金融収支があり，それに，④誤差脱漏が加えられる。

　国際収支には経済発展の段階に応じた一般的な特徴がある。先進国では，ハイテク工業分野や金融分野に国際競争力があるため，経常収支が黒字の傾向にある。また，その結果として，国内に蓄積された富が外国へ投資されるため，金融収支も黒字の傾向にある。日本の場合は，2011年より，貿易サービス収支が赤字に転落したが，日本が過去に直接投資を行った外国の投資先からの投資収益が黒字であるため，経常収支は黒字を維持している。一方で，発展途上国では，工業分野の国際競争力が弱く，輸送や旅行などのサービス項目での受け入れが乏しいため，経常収支は赤字の傾向にある。

表13－1　日本の国際収支（2013年）（百万ドル）

大項目	中項目	概　要	収　支
経常収支	貿易・サービス収支	商品及びサービス（輸送，旅行，各種サービス）取引	－94,338
	第1次所得収支	雇用者報酬，投資収益（配当金，利子など）など	146,147
	第2次所得収支	無償資金協力，国際機関分担金，労働者送金など	－9,577
	小　計		42,233
資本移転等収支		対外金融資産・負債の増減（債務免除，発展途上国のインフラ整備のための無償資金協力など）	－3,710
金融収支	直接投資	資本拠出金，収益の再投資，債券取得処分など	97,904
	間接投資	株式取引，証券取引	－218,960
	金融派生商品	オプション，スワップ取引，先物取引など	34,760
	その他投資	上記及び外貨準備に該当しない取引（円借款など）	40,484
	外貨準備	通貨当局の管理下にある対外資産	－23,934
	小　計		20,255
誤差脱漏		貸方，借方の差額の調整項目	－18,268

（注）この国際収支統計表は2014年1月から導入されたIMF国際収支マニュアル第6版に基づく。第5版との大きな変更点は，第5版の「資本収支」が廃止，「資本収支」を構成する1つの項目であった「その他の資本収支」が「資本移転等収支」として大項目化，「資本収支」を構成するもう1つの項目であった「投資収支」と独立項目であった「外貨準備増減」が「金融収支」として統合された。第5版では，国際収支は，①経常収支，②資本収支，③外貨準備増減，④誤差脱漏から構成されていたが，第6版では，国際収支は，①経常収支，②資本移転等収支，③金融収支から構成される。
　　　第6版では，経常収支＋資本移転等収支＋誤差脱漏－金融収支＝ゼロとなる。
（出所）日本銀行資料より作成（https://www.boj.or.jp/statistics/br/bop_06/index.htm/）。

したがって，国際収支を見ることによって，その国の対外経済活動の特徴を浮き彫りにすることができるのである。

対外債務を負うことの意味

　一次産品に依存しない経済構造に転換するには工業化が不可欠である。そのためには，電力，交通網，港湾施設などのインフラ整備が欠かせない。また，

医療環境の整備や母子の健康，教育の推進，人的資源開発などのためには社会分野での開発プロジェクトを推進することが求められる。これらのプロジェクトを実施するには，資本が必要である。そのためには，発展途上国に十分高い水準の国内貯蓄率が実現していることが望ましい。

しかし，国内貯蓄が十分でない発展途上国では，資本不足に陥っている。社会開発に係るプロジェクトは無償資金協力や技術協力のような贈与で実施されることが多いが，工業化のためのプロジェクトは借款と呼ばれる融資が中心である。そこで，開発プロジェクトの実施に必要不可欠な資本と国内貯蓄で充当できる資本との不足分を先進国政府または国際援助機関からの資本輸入（すなわち開発援助資金の導入）でまかなうのである。すなわち，工業化推進のためには，発展途上国は対外債務を負わなければならない。対外債務は国際収支では主に金融収支に該当する（特に，「その他投資」の項目）。

もっとも，対外債務を負うことは，それを通じて工業化を促進し，富の蓄積を通じて，債務返済を行うことを前提としている。そのため，対外債務を負うこと自体は問題ではない。むしろ，座して待っていても何ら変化は起きないわけであるので，開発を一歩でも前に進めるためには，開発援助プロジェクトを実施し，時には対外債務を負うことも厭わない態度が発展途上国政府には必要であるし，現実にそのようにしている。しかし，問題は，開発計画の策定の見通しが甘く対外債務が累積する一方で，外貨獲得が期待通りに伸びず，結果として返済が滞ってしまうことである。こうした問題を抱えた発展途上国はいかなる対応をすべきであるのか。本章では，1980年代と90年代に勃発した2つの金融危機を事例にとって，問題勃発の経緯と解決策を比較検討し，望ましい開発政策の教訓を現実の事例から学び取ることにしたい。

第2節　累積債務問題と構造調整政策

▎危機に至る過程

まず，1980年代にラテンアメリカ諸国を中心に勃発した累積債務問題から説明しよう。これらの諸国も開発政策を進める中で不足する資本を補うために

借款を受けてきた。ただし，1970年代初頭以前に，これらの諸国が借りた借款の債権者は先進国政府や公的機関（例えば，IMFや世界銀行）であった。こうした機関からの借款は開発援助のための公的融資であるため，融資の条件は譲許的であった。すなわち，償還期間が長く，金利は市場金利より低く，固定金利であるなど返済条件が緩やかであった。

　これらの諸国では，1960年代末から1970年代前半にかけて，顕著な経済成長を実現した。その結果，資本財・中間財および燃料や食料の輸入が拡大した。そのことが，さらなる資金需要の拡大となってこれらの諸国に現れた。ただし，公的融資を受けることは譲許的であるが故に，融資のための審査が厳しい。そこで，拡大する資金需要に応えるために，ラテンアメリカ諸国は，従来の公的融資に加えて，民間融資も当てにするようになった。すなわち，先進国の民間銀行から開発のための資金を借り入れるようになったのである。なぜそうなったのであろうか。その理由は2つある。

　第1の理由は，石油危機の勃発と関係がある。1973年に第1次石油危機が勃発したことによって，原油価格が1バレル3.01ドルから同11.65ドルへと約4倍引き上げられた。そして，1978年の第2次石油危機によって，原油価格は1バレル12ドル台（1978年末）から24ドル（1979年末）に再び上昇した（スポット価格では同40ドルにも達した）。価格の高騰は原油輸入国にとってはインフレの原因となり景気低迷につながったが，産油国にはまったく別の意味があった。すなわち，原油輸出による輸出収入の飛躍的増加である。その結果，OPEC諸国は輸出収入を欧米の商業銀行に預金することになった。これがオイルダラーといわれ，その規模は石油危機勃発後，急拡大を示し（図13-1を参照），1973年から80年の間におよそ16倍に達した。こうして商業銀行に預けられた巨額の資金が欧米の商業銀行（主にバンク・オブ・アメリカ，シティバンク，チェース・マンハッタンなどのアメリカの商業銀行が貸し付けを行った）を通じてラテンアメリカ諸国に融資されたのであった。ただし，この資金はあくまでも商業ベースで貸し出されたため，償還期間は短く，市場金利で貸し出され，変動金利であった（ブラジルやメキシコでは，1970年代半ばにおける全債務の半分以上が変動金利であった）。すなわち，借り入れコストの高い資金であった。

図 13－1　オイルダラー還流のメカニズム

　第 2 に，欧米の商業銀行がソブリン貸し付けを行うにあたって幻想を抱いていたことである。ソブリン貸し付けとは，政府および政府系機関に対する貸し付け，あるいは，政府保証付きの民間企業に対する貸し付けである。欧米の商業銀行は大量の預け入れがあったために，信頼できる貸付先探しに困ることになった。そこで，「政府は破産することはない」と自ら都合のよい解釈をして，ソブリン貸し付けを拡大したのであった。そのため，ラテンアメリカ諸国政府は比較的安易に多額の資金を得ることができ，こうした資金は非効率な公共部門や所得再分配のための支出，財政赤字の補填などのために使用された。すなわち，借り入れた資金は生産能力の拡大のために充当されたのではなく，非生産的用途に用いられてしまったのであった。

　この結果，ラテンアメリカ諸国の債務は急拡大し，しかも，その債務のきわめて大きな部分が商業的融資に占められるようになった（表 13－2 を参照）。しかし，返済は継続できた。それは，インフレが実質金利を低下させたことによって（1968 年から 77 年の間，実質金利は平均してマイナス 6.8％であり，1980 年にはマイナス 23.5％であった（河合正弘・村瀬英彰（1992）『発展途上国の累積債務問題』三菱総合研究所，p.4）），返済するよりも借り入れを継続する方が有利となったからであった。しかも，債務返済のために新規借り入れをすることさえ可能であった。

表13－2　ラテンアメリカ主要国の累積債務の実態

	1974	1976	1978	1979	1980	1981	1982
ブラジル							
債務残高（総額）（百万ドル）	11,004.8	17,637.9	30,195.3	35,615.2	39,894.1	44,833.4	49,910.7
うち公的債務（％）	31.4	25.7	19.3	17.5	17.2	17.0	16.9
うち民間債務（％）	68.6	74.3	80.7	82.5	82.8	83.0	83.1
債務返済比率（％）	13.1	18.1	31.0	36.2	34.5	33.6	43.0
メキシコ							
債務残高（総額）（百万ドル）	8,181.2	15,806.8	25,465.9	28,965.1	33,571.1	42,138.8	50,340.6
うち公的債務（％）	23.7	16.4	13.3	12.5	13.3	12.6	14.1
うち民間債務（％）	76.3	83.6	86.7	87.5	86.7	87.4	85.9
債務返済比率（％）	18.7	30.9	54.9	62.2	31.9	27.6	33.0
チ　リ							
債務残高（総額）（百万ドル）	3,791.0	3,592.4	4,355.5	4,812.1	4,724.7	4,497.7	5,233.3
うち公的債務（％）	56.4	60.0	43.8	34.7	32.5	31.5	24.9
うち民間債務（％）	43.6	40.0	56.2	65.3	67.5	68.5	75.1
債務返済比率（％）	11.9	31.1	40.7	26.5	21.9	29.6	20.0

（出所）World Bank（1985）*World Debt Tables* より作成。

　しかし，1978年の第2次石油危機がこうした状況を一変させた。1980年代に入ると，世界経済の状況が大きく変化した。第1に，石油価格の高騰によって先進国の景気が低迷した。第2に，先進国の景気低迷は生産活動を減速させ，先進国の一次産品需要は低下し，一次産品価格が低下した。それによって，発展途上国の外貨獲得が困難になった。第3に，先進国は輸入原油の価格高騰によって引き起こされたインフレ対策のために，高金利政策に舵を切った。これは先進国の金融機関から債務を負っているラテンアメリカ諸国の金利負担を増大させることになった。この結果，ラテンアメリカ経済に対する先行き不安が発生し，そのことがラテンアメリカ諸国からの大規模な資本逃避を引き起こすことになった。資本逃避とは，資産保有者が国内資産の価値減少を防ぐために，自国資産から外国資産へ乗り換えることである。具体的には外国で

有価証券や不動産を購入したり，外国で銀行口座を開設して預金を移したりすることである。資本逃避の規模は相当大きく，例えば，アルゼンチンのそれは，1984年末の同国の対外債務（約400億ドル）の半分相当に達した。

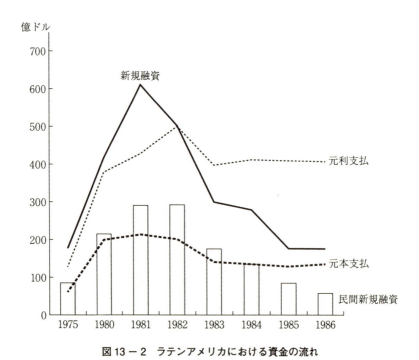

図 13 − 2　ラテンアメリカにおける資金の流れ

（出所）経済企画庁『経済白書（昭和63年版）』第2 − 4 − 3図より作成。

　こうしてこれまでラテンアメリカに流入してきた資金フローが逆転し始め，新規融資が急減する一方で，元利支払が急増することになり，1982年以降は，元利支払額が新規融資額を上回る状態となった（図13 − 2を参照）。その結果として，債務返済のリスケジュールを行う諸国が相次いで現れた。そして，ついに，1982年にメキシコおよびブラジルそしてアルゼンチンが債務不履行（デフォルト）を宣言し，累積債務問題が勃発したのである。結局，債務返済が滞った諸国は35カ国に上り，その中でも深刻な諸国が重債務国（ラテンアメリ

カでは，メキシコ，ブラジル，アルゼンチンなど 10 カ国）と認定され国際金融上の一大事件となった。

危機の原因

　債務危機の原因は何であったのか。大きく二分して考えることができる。第 1 に，債務危機が 1982 年に勃発することになった直接の引き金についてである。それは産油国が引き起こした石油危機に端を発する。石油危機による原油価格の高騰は先進国を景気後退に陥れると同時に，インフレを引き起こした。この景気後退下のインフレはスタグフレーションと呼ばれる。こうした状況から抜け出すために，先進国は 1980 年代に入ると高金利政策を採用し，インフレ退治に着手した。そのため，変動金利であるソブリン貸し付けの金利が著しく上昇した（1981 年には 10％台に急上昇した）。これによって，すでに債務返済継続の危険水準に到達していたラテンアメリカ諸国は債務返済に窮することになり，デフォルトという結果になった。

　しかし，こうした諸国が返済不能なまでに債務を累積させた根本的な原因は何であろうか。この債務危機の第 2 の原因には，4 つの要素が絡んでいる。まず，援助ブームにより 1960 年代に国際援助機関を通じた多国間援助に加えて，先進国政府からの二国間援助も拡大し，それにともない計画に合理性を欠く開発プロジェクトにも多額の貸し付けが行われたことである。援助資金とはいうものの，それが借款である限りは返済義務がともなうため，援助資金の供与を受け続けることによって対外債務が累積した。

　次に，輸入代替工業化戦略の行き詰まりによる経常収支赤字，財政収支赤字という慢性的な双子の赤字の発生である。輸入代替戦略は，最終製品の国産化から着手されたため，下請け産業が十分に育っていない発展途上国では，新たに先進国からの中間財の輸入が拡大した。一方で，国内産業は政府による手厚い保護の下で非効率な操業から抜け出すことができなかった。したがって，発展途上国政府は財政補填によって，国営企業を支援し続けた。

　さらに，産油国から先進国の商業銀行を介して還流してきたオイルダラーは，赤字国営企業の財政支援や政府の赤字財政の補填，所得再分配のための財

源とされた。すなわち,ソブリン貸し付けは非生産的なものに充当され,返済のための原資を生み出す工夫が足りなかった。

最後に,石油危機による世界経済の停滞が,先進国の景気を後退させ,一次産品需要の縮小も引き起こし,発展途上国の主力輸出品である一次産品の交易条件が悪化した。その結果,発展途上国は外貨獲得がきわめて困難になった。

▌危機の対応策

累積債務問題が勃発したことを受けて,国際社会は迅速に対応策を講じた。それは,ラテンアメリカ諸国への融資に多くのアメリカの商業銀行が関与していたからである。債務返済の停止は貸し付けをしていた商業銀行の倒産につながり,それはアメリカ経済の混乱を誘発し,世界経済の攪乱に発展するかもしれない可能性があった。

累積債務問題の解決策として最も重要なとり組みは,IMF・世界銀行による構造調整プログラムである。国際社会は,国際金融システムの危機は回避しなければならないという前提条件の下で(寺西重郎 (1995)『経済開発と途上国債務』東京大学出版会, p.144),債務危機問題の処理に対応した。IMFと世界銀行は,債務返済が滞った諸国に対して,先進国の商業銀行との共同融資を通じて資金提供し,返済能力を長期的に向上させる対策に乗り出した。ただし,それには厳しい条件が課された。その主な条件とは,①緊縮政策(財政引き締め,金融引き締め),②国内貯蓄率の引き上げ,③為替相場の切り下げ,④輸出指向型経済への転換,⑤国内市場の対外開放であった。いずれの条件も実効性をともなうものでなければならず,例えば,ブラジルの場合,1983年の財政支出は前年比半減,1985年の財政支出は83年比半減という非常に厳しい要求がつきつけられ(柴田裕 (1990)『IMFと国際債務問題』成文堂),補助金の打ち切りや大幅削減を躊躇することはできなかった。また,金融引き締めの手段として高金利政策を採ることが勧告された。IMFおよび世界銀行が提示した条件はきわめて厳しいものではあったが,発展途上国にとって選択の余地はなかった。

IMFと世界銀行による救済策に加えて,先進国もさまざまな救済策を提案した。アメリカ政府は1984年の世銀・IMF年次総会において「持続的成長の

ための計画」を発表し，新規融資の拡大によって債務国の経済成長を促進する対策を打ち出した（これは「ベーカー構想」という）。また，1989 年のブレトンウッズ委員会においてアメリカの財務長官は民間銀行債務の削減策を提案した（これは「ブレイディ提案」という）。その他の債務負担を軽減する方法として，発展途上国に債権をもつ先進国が結成したパリ・クラブが提案した非譲許的融資の棒引き，金利減免，償還期間の延長のうちいずれか1つを債務国に選択させる方法もある（これは「トロント協定」という）。

「債務の株式化」も債務問題の有力な解決策の1つである（図13 − 3 を参照）。これはB銀行がA国に対して行った貸し付けが焦げ付いたときの解決策である。債務処理のため，B銀行はC銀行との間で，不良債権を額面価格から50％割り引いて販売することで合意したとする（実際の割引額については表13 − 3 を参照）。これで，B銀行に元本の半額しか戻ってこないことになるが，債務不履行によって全額回収できないことと比較すると，許容できる。次に，C銀行は，買い取った不良債権を，額面価格の45％割引で売買することがD社との間で成立したとする。すると，C銀行は不良債権の売買から額面価格の5％分の利ざやを稼ぐことができる。最後に，D社はA国に対し，額面価格の35％

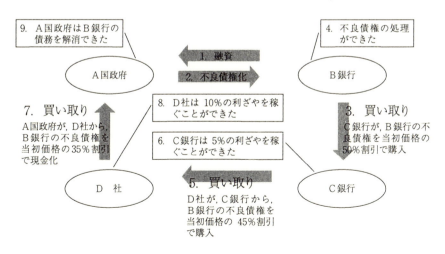

図13 − 3　債務の株式化

表13－3　対外債務の流通市場価格（100ドル当たり）

	1986年12月	1987年12月	1988年12月	1989年12月
アルゼンチン	62－66	35－38	20－21	13－14
ブラジル	74－77	45－78	41－42	23－24
チ　リ	63－65	60－63	54－55	60－61
エクアドル	63－65	34－38	14－16	14－15
メキシコ	54－57	51－54	42－43	36－37
ペルー	16－19	2－7	5－8	6－7

（出所）河合正弘・村瀬英彰（1992）『発展途上国の累積債務問題』三菱総合研究所，p.70より作成。

割引で不良債権を買い取ることを要請する。それによって，D社は額面価格の10％分を稼ぐことができる。しかも，それと同時に，A国政府はB銀行の不良債権を額面価格の65％の支払で解決することができる。「債務と環境のスワップ」も「債務の株式化」と同様に不良債権を割引して販売し，債務国の債務負担を削減しようとする方法である。この場合には，環境保護団体が債務削減に介在し，債務削減と当該国の環境保護の両方を同時に実現しようとするものである。このような債務転換も債務問題解決にはよく活用され，一部の諸国では累積債務の解消に有効であった（チリとボリビアでは，債務全体の3割から4割がこの方式で処理された）。

　こうして，1992年4月にアルゼンチンが，同年7月にブラジルがブレイディ提案を締結したことによって債務危機収束宣言が出された。累積債務問題が勃発した1982年から10年かかってようやくこの問題は収束の目途がついたのであった。債務国における累積債務の状況は大きく改善したが（図13－4を参照），債務返済の再開と継続に偏った経済政策は国民の暮らしを十分に顧みることができず，この10年間は「調整はしたが成長はしなかった」とよくいわれる。

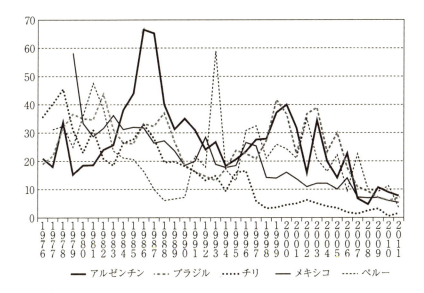

図13－4　ラテンアメリカ5カ国の債務返済比率の推移（%）

（出所）世界銀行データベースより作成。

第3節　アジア通貨危機と構造調整政策

危機に至る過程

　アジア通貨危機は，1997年7月にタイ・バーツの対ドル為替相場が急落したことに端を発した通貨危機である。これによって近隣諸国も大きな影響を受けたが，中でもマレーシアとインドネシアそして韓国がきわめて深刻な影響を受け，そこからの脱却のためにIMFに支援を要請することになった。

　アジア通貨危機が勃発する以前の東アジアの諸国の経済状況はきわめて良好であった。1980年代および90年代を通じてこれらの諸国の経済成長は，東アジアの奇跡といわれるほど顕著であった（図13－5を参照）。ラテンアメリカ諸国とは異なり，消費者物価上昇率は制御可能な範囲内に抑えられており，慢性的な財政収支赤字に陥ることはなかった。これらの諸国では加工貿易が経済成

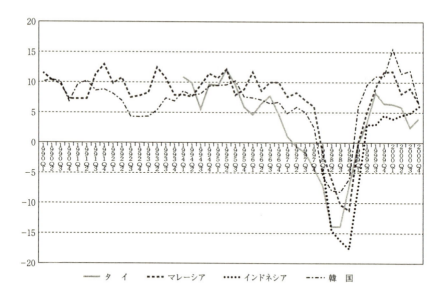

図13-5 アジア4カ国の経済成長率（実質）の推移

（出所）IMFデータベースより作成。

長を支えていたために、経常収支は慢性的な赤字であった。もっとも、債務は公的債務が中心で、債務返済比率は1桁台に抑えられていた。したがって、全体的に捉えると、これらの諸国のマクロ経済状況は良好であった。

　しかし、これらの諸国にも落とし穴があった。1990年代半ば前後から、資本流入額に占める株式などのポートフォリオ投資の割合が上昇し始めるのである。ポートフォリオ投資は流動性がきわめて高いのが特徴で、ホット・マネーとも呼ばれている。この短期民間資金は不動産などの非生産的な投資に充当されたため、バブル経済が発生したが、外貨獲得にはつながらなかった。こうした不安定な状況への対応として、タイ政府は金融引き締め政策を採用した。しかし、これがかえってバブル経済の崩壊を引き起こし、金融機関が大量の不良債権を抱えることになった。さらに、このことは、投資先としてのタイの魅力を著しく減じることになり、先進国の投資家は資金をタイから一斉に引き上げることにつながった。これによって、タイ・バーツの対ドル為替相場の大暴落

が発生したのである（図13-6を参照）。

　バーツ相場の大暴落とヘッジファンドによるバーツの売り浴びせとは密接な関係がある。投機資金であるヘッジファンドは，為替調整が十分に行われていないタイ経済に注目し，先物取引を通じて，一定の為替相場でのバーツの先物取引契約を結ぶ一方で，バーツの浴びせ売りを行い，バーツの対ドル相場を暴落させた。ヘッジファンドにとって，先物契約満了時にバーツを買い戻す際に，その時の実勢相場との乖離が大きければ大きいほど利ざやが稼げるため，ヘッジファンドをはじめとして，多くの金融機関がバーツ売りを行った。

　これに対して，タイ政府はドル売りバーツ買い政策でバーツを買い支えたが，外貨準備が枯渇したため，タイ政府は自国通貨の防衛を断念せざるを得なくなった。それが，バーツの変動相場制への移行を余儀なくし，その結果，タイ・バーツは記録的な大暴落を経験することになった。そして，こうした経済

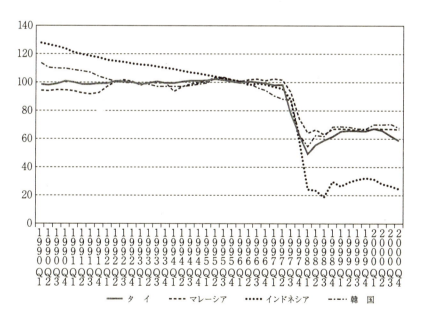

図13-6　アジア4カ国通貨の対ドル相場の推移

（出所）IMFデータベースより作成。

的混乱はタイにとどまらず，近隣諸国にも飛び火し，アジア通貨危機が勃発したのである。

▎危機の原因

アジア通貨危機の引き金は，タイにおけるバブル経済の発生とその崩壊，それに引き続いて発生した資本逃避への（結果としての）対応策であるタイ・バーツの変動相場制への移行によるバーツの大暴落である。

しかし，より重要な原因として構造的な要素がある。それは，一部の東アジア諸国では金融システムが脆弱で，かつ，金融セクター監督やフィナンシャル・リスク審査が不十分であったという問題である。さらに，ガバナンスの欠如も深刻であり，官民の癒着と国や民間企業がアカウンタビリティ（説明責任）を果たすことができない融資や事業が行われることが珍しくなかった（これはクローニー（縁故）資本主義とも呼ばれる）。そのため，1980年代から90年代にかけて相次いで実施された金融自由化（例えば，外資流入規制の緩和，外国銀行の国内への参入認可など）が短期資金の流入を許すことになり，これがバブル経済の発生につながった。

▎危機の対応策

アジア通貨危機の影響をまともに受けたタイ，マレーシア，インドネシア，韓国は主に2つの対応策を採用した。第1に，IMFに支援を要請し，構造調整融資を求めたことである。第2に，金融市場の整備と為替制度の安定化である（すなわち金融制度を国際標準に準拠させること，金融機関の資本増強，固定相場制の回避など）。さらに，支援体制の強化策として，短期流動性の欠如を相互支援するための枠組みとして，チェンマイ・イニシアティブ（ASEAN諸国と日中韓3カ国の財務大臣がタイのチェンマイで決めた二国間通貨支援協定）が2000年に設けられた。いずれにせよ，アジア通貨危機への対応策は基本的には1980年代の累積債務問題への対応策とほぼ同様の措置を東アジア諸国に講じるというものであった。

しかし，マレーシアは当初こそIMFに支援を求めたが，景気を急速に冷却

させる可能性が高い緊縮政策を嫌い，1998年9月から独自路線に転換した。その基本政策は，資本取引規制の導入と固定相場制の復活（US$1=RM3.8）（RMはリンギット）である（2005年7月から管理変動相場制へ移行した）。取得後1年未満の株式の売却が禁止され，海外送金も禁止された。これらの措置は，短期資本のマレーシアからの流出を食い止め，国際取引の安定化を確保するものであった。

第4節　債務危機と通貨危機への対応の比較分析

　このように債務危機や通貨危機に陥った諸国はIMF・世界銀行に支援を求め，新規融資を獲得して危機的状況を脱する手がかりを得ようとした。果たして，構造調整融資は効果的に危機からの脱却を促進したのであろうか。この問いに対する回答は，どちらかといえば，債務危機への対処としては是である一方で，アジア通貨危機への対処としては否であるといってよいであろう。

　債務危機に陥ったラテンアメリカを中心とした諸国では，慢性的な財政収支・経常収支赤字であり，これらの赤字を新規融資でまかなうという節度を欠いた借入依存型の経済運営が行われていた。その結果，これらの諸国のマクロ経済事情はきわめて悪化しており，緊縮政策を通じて，インフレを収束させ，財政規律を整えることは急務であった。つまり，債務危機は典型的な「従来型危機」であった。

　それに対して，アジア通貨危機はマクロ経済事情がきわめて良好な中で勃発した特異な危機であった。経常収支は慢性的な赤字であったが，輸出主導型経済運営は主に民間企業によって担われており，しかも，財政収支はほぼ常に黒字であった。これは従来とは異なるマクロ経済状況の下で引き起こされた危機であることから，アジア通貨危機は「21世紀型危機」と呼ぶことができる。

　このように危機の事情が異なる中で，IMFは双方に構造調整融資を実施し，そのための条件として，緊縮政策，規制緩和，民営化，国内市場の対外開放などの同じ条件を求めた。つまり，異なる症状を抱えている患者に，同じ処方箋が出されたのであった。IMFが出した処方箋は従来型の症状にはよく効いた

が，21世紀型にはほとんど効力を発揮しなかった。それは，IMF の処方箋を受け入れたタイやインドネシアそして韓国よりも，IMF とは真っ向から対立する対策を採用したマレーシアの方が通貨危機からの回復が早かったからである。

　すなわち，IMF は，緊縮政策が国内需要を抑制し，さらなる通貨の下落を招くことに気づかず，経済構造の改革に必要以上にこだわり，流動性の確保の重要性を認識しなかったのである。この IMF の姿勢には，後になって多くの批判が寄せられた。例えば，サックス（J. Sachs）は，若干拡大的な金融財政政策が実施されるべきであったと述べているし，スティグリッツは，IMF の処方は実態を悪化させただけであったとこき下ろしている。

第14章
経済発展と開発援助

第1節　開発援助とは

ODAの条件

　国際間を移動する発展途上国の経済開発に関わる資金は経済協力資金として一括りすることができる。それは公的資金か民間資金かで分類され，さらに使途に応じて細分化される（図14-1を参照）。その代表例が政府開発援助（ODA）である。経済協力資金がODAとみなされるためには，いくつかの条件を満たさなければならない。それは，①資金が発展途上国や国際援助機関に対して供与されること，②資金が経済・社会開発のために使用されること，③資金のグラント・エレメントが25％以上であることである。グラント・エレメントとは，経済協力資金が発展途上国にとって適切であるかどうかを客観的に示すために，1968年に経済協力開発機構（OECD）の開発援助委員会（DAC）が提示した指標である。発展途上国が受け取った資金がまったく返済を要しないならば，グラント・エレメントは100％となり，返済が求められる場合には，金利，返済期間などを考慮してグラント・エレメントが算出される。すなわち，この値が大きいほど融資条件が緩やかということを意味する。ODAのうち，先進国と発展途上国との二国間で供与されるものは二国間ODAと呼ばれ，先進国と国際援助機関との間で供与されるものは多国間ODAと呼ばれる。

　ODAの供与方法には大別して贈与と貸付（借款）がある。贈与とは返済を求めない開発資金である。贈与は無償資金協力と技術協力に二分される。前者は，例えば貧困削減のための食糧購入や学校建設に必要な建設資材の購入のた

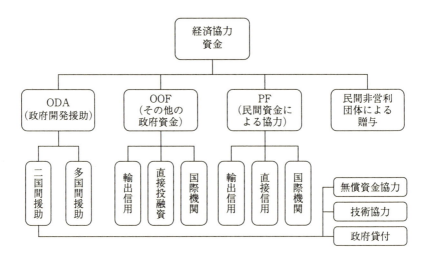

図 14 − 1　経済協力資金の分類

めの使途に利用される。後者は，発展途上国の人材開発を目的とするものであり，発展途上国の技術者を先進国に招いて研修を受けさせたり，あるいは，先進国の専門家を発展途上国へ派遣して指導をしたりする際の費用に充てられる。一方，貸付（借款）とは返済を求める開発資金である。ただし，あくまでもODAの一環として行われる借款であるため，商業融資と比べると融資条件の譲許性は高い。

世界のODAの動向

　戦後の開発援助資金の供与はアメリカを中心として行われてきた。しかし，1970年代後半以降，フランス，ドイツ，英国，日本などのDAC加盟国が積極的に開発援助を供与し始めた（図14−2を参照）。特に，1980年代半ば以降，日本のODA供与額が急拡大し，1989年にはアメリカを抜いて世界トップに達した。その後，日本はODA予算の削減，フランスやドイツなどでは欧州通貨危機により，ODA供与額は伸び悩む。その一方で，2000年代に入って以降，アメリカのODA供与額の躍進が顕著である。米国政府は，発展途上国の貧困

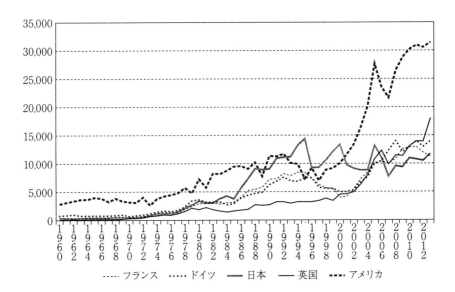

図 14−2 主要 DAC 加盟国の ODA 供与額，1960 年から 2013 年（百万ドル，市場価格）
（注）ODA には二国間および多国間 ODA を含む。
（出所）OECD データベースより作成。

がテロの温床となって，2001 年 9 月に米国で同時多発テロが引き起こされたとみなしている。そこで，米大統領は，貧困とテロとの結びつきを断ち切るために，開発援助額の拡大を表明し，ミレニアム・チャレンジ公社（MCC）という援助実施機関が新設された。

次に，援助供与国には，各国の歴史的事情や地理的近接性および国際政治上の立場に応じて，得意とする ODA 供与先がある（表 14−1 を参照）。それによると，対アジア ODA 総額の 3 分の 1 前後を占めているのは日本である。対サブサハラアフリカでは旧植民地・海外領土へ開発援助を供与するフランスや英連邦向け援助を実施する英国が相対的に大きな割合を占めている。対中東・北アフリカでは政治的な理由（対エジプト，イスラエル支援）で，また，ラテンアメリカでは地理的近接性によりアメリカが大きな部分を占めている。

援助供与国が実施する ODA の分野にも特徴がある（表 14−2 を参照）。伝統

表 14-1 主要 DAC 加盟国による二国間 ODA の地域別配分（%）

	アジア			サブサハラアフリカ			中東・北アフリカ			中南米		
	1990	2005	2011	1990	2005	2011	1990	2005	2011	1990	2005	2011
日　　本	32.6	26.9	36.2	4.1	5.5	9.6	4.2	14.1	12.2	10.9	12.4	7.4*
フランス	3.8	2.4	4.5*	13.5	13.5	12.0	1.8	3.3	13.0	3.9	3.9	11.5
ド イ ツ	8.5	6.2	13.1	10.6	7.4	4.0*	8.5	8.6	11.1	10.4	8.0	15.0
英　　国	3.0	5.7	8.1	2.1	9.6	10.3	0.4	5.3	2.1	1.8	2.0	1.3
アメリカ	6.7	12.4	15.0	13.0	11.5	29.0	26.5	45.8	39.7	25.1	20.1	29.0
その他	45.3	46.4	23.1	56.8	52.6	35.1	58.6	23.0	21.9	47.9	53.5	35.8
合　　計	100.0	100.0	100.0	100.0	100.0	100.0	100.0	100.0	100.0	100.0	100.0	100.0

（注）＊は 2010 年の値を示す。
（出所）外務省『ODA 白書』および OECD データベースより作成。

的に経済インフラ向け ODA が大きな割合を占めるのは日本であり，社会インフラ向け ODA が大きな割合を占めるのはフランス，ドイツ，英国，アメリカである。しかし，イラクとナイジェリアに対して行われた債務救済が巨額であったため，すべての主要国において 2006 年のプログラム援助が急上昇している。なお，日本のみが経済インフラ向け ODA を積極的に供与している背景には，日本がアジア向け ODA を得意としている中で，アジア諸国はインフラ整備を推進していることから資金需要が旺盛だからである。これに対して，アフリカなど経済開発よりも社会開発が優先される諸国に ODA を相対的に多く供与していることが，フランスなどその他の諸国で社会インフラ向け ODA が相対的に高い結果となって現れている。

表14－2　主要 DAC 加盟国による二国間 ODA の分野別配分（％）

	年次	社会インフラ	経済インフラ	農業分野	工業分野	緊急援助	プログラム援助	合計
日本	1990	20.1	32.0	－	18.0	0.4	29.5	100.0
	2006	20.0	23.4	5.8	5.0	3.6	42.2	100.0
	2011	24.0	40.6	4.1	4.1	5.6	9.0	100.0
フランス	1990	42.4	16.9	－	22.8	0.2	17.7	100.0
	2006	25.2	9.4	1.4	5.7	7.8	50.5	100.0
	2011	28.1	11.4	3.3	20.3	0.9	36.0	100.0
ドイツ	1990	24.7	22.8	－	17.1	2.4	33.0	100.0
	2006	18.2	12.0	2.3	17.0	4.0	46.5	100.0
	2011	39.8	24.3	4.2	19.1	3.3	9.2	100.0
英国	1990	23.3	24.1	－	19.1	1.1	32.4	100.0
	2006	25.3	2.7	1.9	5.2	7.4	57.5	100.0
	2011	50.1	9.0	2.6	13.9	8.0	16.5	100.0
アメリカ	1990	23.0	4.7	－	14.5	13.2	44.6	100.0
	2006	42.8	7.8	2.5	7.4	15.5	24.0	100.0
	2011	52.6	8.3	5.2	8.3	13.8	14.0	100.0

（注）社会インフラは教育，保健，上下水道等，経済インフラは輸送，通信，電力等，農業分野は農林水産業，工業分野は鉱工業や環境等，緊急援助は人道支援，食糧援助等，プログラム援助は債務救済，行政経費等をそれぞれ含む。
（出所）外務省『ODA 白書』および OECD データベースより作成。

ODA の量的・質的特徴

　DAC 加盟主要5カ国は開発援助の実績に大きな貢献を果たしている。ここでは，これらの5カ国による ODA の量と質について検討しよう。
　まず，量的観点からこれらの5カ国を比較したい（表14－3を参照）。DAC 加盟国によって供与される ODA 全体に占める DAC 加盟主要5カ国の ODA 総額は6割強を占めており，巨額である。しかし，かつて設定された GNI（当時は GNP）の 0.7％ という目標は依然として達成されておらず，日本やアメリカでは 0.1％ 台に低迷している。
　次に，金融および調達の観点から5カ国を比較する（同じく表14－3を参照）。

表 14 − 3 ODA の量的・質的特徴の比較

		日本	フランス	ドイツ	英国	アメリカ	DAC 合計
量的観点からの比較（支出純額ベース）	ODA 総額（億ドル）（2012 年）	106	121	131	137	305	1,254
	対 GNI 比（%）（2012 年）	0.17	0.46	0.38	0.56	0.19	0.29
	DAC 全体に占める割合（%）（2012 年）	8.5	9.7	10.4	10.9	24.3	100.0
	多国間援助に占める割合（%）（2010 から 2011 年の平均）	34.8	37.2	38.1	38.7	12.2	29.7
	後発開発途上国向け割合（%）（2010 から 2011 年の平均）	50.4	37.7	39.4	53.0	48.0	48.3
	低所得国向け割合（%）（2010 から 2011 年の平均）	3.6	2.8	4.1	4.7	6.3	4.4
金融・調達の観点からの比較（約束額ベース）	ODA 全体のグラント・エレメント（債務救済を除く）（%）（2010 から 2011 年の平均）	88.9	85.0	89.8	100.0	100.0	95.6
	二国間借款のグラント・エレメント（%）（2010 から 2011 年の平均）	75.4	44.3	48.3	−	−	64.9
	ODA 全体の贈与比率（債務救済を除く）（%）（2010 から 2011 年の平均）	54.7	68.0	78.0	93.4	100.0	99.0
	二国間 ODA の贈与比率（債務救済を除く）（%）（2010 から 2011 年の平均）	42.9	55.3	66.2	87.6	100.0	81.0
	二国間 ODA のアンタイド比率（%）（2011 年）	94.3	99.0	92.9	100.0	65.5	83.4
	二国間 ODA の部分アンタイド比率（%）（2011 年）	0.9	−	−	−	−	0.3
	二国間 ODA のタイド比率（%）（2011 年）	4.8	1.0	7.1	−	34.5	16.1

（注）二国間 ODA のひも付き援助率については技術協力および行政経費等を除く。
（出所）外務省『ODA 白書』より作成。

ODA の譲許性という点から比較すると，供与する開発援助の全体ないしほぼ全体が贈与であるアメリカと英国ではグラント・エレメントが100％である一方で，借款を含んでいる日本とフランスおよびドイツではそれは8割台に甘んじている。二国間借款の譲許性については日本がフランスとドイツよりも抜きんでている一方で，二国間贈与比率は日本では半分を割っている。ODA の金融的観点から大括りで捉えると，欧米の主要 DAC 加盟国では贈与として ODA を供与する傾向が強く，日本は借款として供与する傾向にある。

一方で，調達の観点から，ODA がひも付き援助であるかどうか比較する。

すると，二国間 ODA のアンタイド比率が高いのは，100％の英国に加えて，9割台の日本とフランスおよびドイツである。一方で，アメリカは6割強にすぎない。アメリカは供与する二国間 ODA の3分の1以上がひも付き援助である。

このように，DAC 加盟主要5カ国の中でも ODA の量的・質的特徴には大きな開きがある。

第2節　開発援助の動機と課題

▌開発援助の動機

なぜ開発援助を行うのか。供与側と受入側に分けてみていこう。

まず，援助を供与する動機の1つとして，政治的動機がある。戦後の約50年間は東西冷戦が国際政治の行方を決定づけたが，それは世界経済の行方にも大きな影響を及ぼした。西側，東側の各陣営は，戦略上重要な地域や諸国に対して援助資金を集中し，援助競争を繰り広げた。この時期における援助方針の決定には，経済・社会開発よりも安全保障の観点の方が大きな影響を及ぼした。開発援助は友好的な政治体制の存続を保証する1つの重要な政治的手段であった。

もう1つは，経済的動機である。経済開発を進めるには莫大な資金が必要とされるが，慢性的な輸入超過による外貨不足（これを輸出入ギャップと呼ぶ），国内貯蓄の低迷による投資不足（これを貯蓄投資ギャップと呼ぶ）に悩む発展途上国には，自らがすべてをまかなうことは不可能である。そこで，発展途上国の資金不足を補うために開発援助資金が求められるのである。

次に，発展途上国が援助を受け入れるのは3つの動機からといわれている。第1に，政治的動機である。これは民主的なプロセスを経て成立していない発展途上国の政権が権力の座を維持するために必要な資金源を援助に求めるということである。こうした動機に基づくと，援助資金は本来の目的に使用されるとは言いがたいが，上述のように供与国の側にも政治的動機に基づく論理（すなわち東西冷戦下での援助競争）があり，双方の利害が一致して，使途が不明瞭な

まま援助が実行されることがあった。

第2は倫理的動機である。発展途上国が低開発状態にとどまっている歴史的背景には植民地支配の影響がある。植民地支配はモノカルチャー経済化，宗主国との間での垂直的国際分業体制への組み込みを強いることになり，利益が植民地から宗主国へ吸い上げられるシステムが構築された。援助はそれに対する償いであるという論理である。

最後に，最も合理的な動機として挙げられるのが経済的動機である。これは，前述の輸出入ギャップと貯蓄投資ギャップという2つの制約を克服するために開発援助を受け入れるということである。

開発援助の課題

開発援助に関わる1つの試練は1980年代の「援助疲れ」であった。これは，開発援助を継続することに対する熱意が先進国から失せ始め，援助資金の供与額が伸び悩んだことである。その背景には，1980年代の累積債務問題の勃発が，先進国の国民に対して援助の有効性に疑問を抱かせることになったことが第1に挙げられる。さらに，先進国には財政再建の必要性が高まってきており，国民の目はむしろ内政により強い関心が向き始め，開発援助予算が削減されることにつながった。また，1989年の東西冷戦構造の終結が援助競争を展開する根拠を取り去ったことも，開発援助に対する熱意を減じさせるのに大きな影響を及ぼした。

次の課題は，開発援助政策への新自由主義思想の浸透である。IMFと世界銀行は特に貧困が深刻な発展途上国（すなわち重債務国と国際開発協会の融資対象国）に開発援助の条件として貧困削減戦略文書（PRSP）の作成を義務づける決定を1999年の年次総会において下した。PRSPとは，3年から5年程度の間に実施すべき政策について具体的にまとめたものである。構造調整プログラムが援助側の押しつけになったとの反省に立って，発展途上国がPRSP作成の責任をもつことを通じて援助される側のオーナーシップを尊重するために実施された方法である。しかし，このPRSPは最終的には経済活動の自由化と自由民主主義を根本的な活動原理として掲げるIMFと世界銀行の同意を得なければな

らないため，発展途上国側に政策策定の自由度が無限に確保されているわけでは決してない。

　さらに新自由主義の流れには開発援助を政治的色彩の強いものにさせた側面もある。アメリカは，対テロ戦争の同盟国かどうかを援助実施の基準の1つとして定め，同盟国の発展途上国には開発援助を継続する一方で，そうではない発展途上国からは援助を引き上げるという行動に出ている。アメリカの対テロ戦争が開発援助の場に再び国際政治をもち込み，援助資金をアメリカの政治目的の実現のための手段と変容させている側面も出始めてきている。

　このように，発展途上国は開発援助を受け入れるために，経済の自由化と国内市場の対外開放に加えて，自由民主主義実現のための基盤構築という政治的自由化も併せて求められているのである。しかし，第1章で述べたように，発展途上国には経済活動の自由化を実施する以前に，国民国家としてのまとまりがなく，政権自体が不安定な国も少なからずある。そうした諸国でまず求められるのは，経済自由化や政治的自由化よりもむしろ，国家の体をなすための基盤づくりである。それなくして，経済的・政治的自由化を性急に進めても，その成果は乏しいものにならざるを得ないであろう。

▌MDGs と SDGs

　21世紀に入って，疾病と飢餓から人々の生命を救うために国際社会が一致してとり組む新たな目標が立てられた。これがミレニアム開発目標（Millennium Development Goals, MDGs）である。また，MDGsは援助疲れに陥っている援助供与国に対して，援助を行う新たな動機付けを与える役割も果たした。MDGsは従来の開発援助にはなかった成果主義という発想がもち込まれた点で画期的でもあった。

　MDGsは，達成すべき目的として8項目を特定し，各項目について具体的な目標を定めた。そして，それらの目標には，とり組みの最終年である2015年までに，1990年水準からの大幅な改善（例えば劣悪な状況が半減されるなど）を実現するように，数値目標が掲げられた（表14-4を参照）。同表によると，一部の目標についてはすでに前倒しで達成されているか，あるいは，ほぼ達成さ

表 14 − 4 　MDGs の目標と実績

目　的	目　標	実　績
1．極度の貧困と飢餓の撲滅	A．1日1ドル未満で暮らす人々の割合を半減する	◎
	B．生産的雇用，適切な雇用の実現	△
	C．飢餓に苦しむ人口を半減する	△
2．普遍的初等教育の達成	A．男女の区別なく初等教育の全課程を修了できる	〇
3．ジェンダーの平等の推進と女性の地位向上	A．教育水準で男女格差を解消	〇
4．幼児死亡率の削減	A．5歳未満の死亡率を3分の1にする	△
5．妊産婦の健康の改善	A．妊産婦の死亡率を4分の1にする	△
	B．性と生殖に関する健康の完全普及を達成	△
6．HIV/エイズ，マラリア，その他の疾病の蔓延防止	A．HIV/エイズの蔓延を阻止・減少させる	△
	B．すべての必要な者がHIV/エイズの治療を受診できる	△
	C．マラリアなどの疾病の発生を阻止・発生率を引き下げる	◎
7．環境の持続可能性の確保	A．環境資源の損失の阻止・回復	△
	B．生物多様性の損失を減少	△
	C．安全な飲料水と衛生施設を利用できない者の割合を半減	◎（水），△（衛生施設）
	D．1億人のスラム居住者の生活を改善	◎
8．開発のためのグローバル・パートナーシップの推進	A．予測可能で差別的でない貿易と金融システム	△
	B．後発開発途上国の特別なニーズに取り組む	△
	C．内陸開発途上国と小島嶼開発途上国の特別なニーズに取り組む	△
	D．債務問題に包括的に取り組む	△
	E．安価で必要不可欠な医薬品を入手できる	―
	F．情報・通信での新技術による利益を確保する	△

（注）◎：目標を達成，〇：ほぼ達成，△：一層の努力が必要。
　　　各目標の達成度については基本的に報告書の記述ないしデータに基づいている。しかし，数値ではっきりと表れない目標の実績については筆者による判断である。
（出所）United Nations（2014）*The Millennium Development Goals Report 2014* より作成。

れていることが示されている。しかし，状況は改善しているものの，依然として目標水準には到達していない項目も少なからず存在している。

表14-4の実績は発展途上国全体で見たものであるが，地域別に見ると実績の達成度にはムラがある。特に顕著な実績を示しているのは，東アジア，東南アジア，北アフリカ，コーカサス・中央アジア，ラテンアメリカ・カリブ海諸国である。その一方で，実績があまり上がらないのは，サブサハラアフリカである。MDGsの最終年である2015年までに，設定したすべての目的を達成することは困難であることが，サブサハラアフリカでは明らかとなっている。

そこで，国連は2012年にブラジルのリオデジャネイロにおいて持続可能な開発に関する国連会議を開催し（いわゆるRio+20），貧困と飢餓から人類を解放するために国際社会はさらなる関与をすべきであるとのことで一致し，宣言文書（The Future We Want）を採択した。これは，2015年以降の国連における開発のとり組みに通じるものであり，持続可能な開発を経済的および社会的かつ環境面においてバランスをとりながら推進することを謳っている。すなわち，持続可能な開発目標（Sustainable Development Goals, SDGs）はMDGsが終了した後を継ぐとり組みとして位置づけられたとでもいうべき存在である。世界の貧困は依然として国際社会が一丸となってとり組んでいかなければ解決には至らない大きな課題である。

第3節　日本の開発援助

援助の歴史

日本は今や援助大国であるが，かつて被援助国でもあった。第2次大戦後の日本の鉱工業生産高は1938年を100とすると，1947年の水準は4分の1に落ち込み，戦前の水準まで回復するには1950年代半ばまで待たなければならなかった。したがって，戦後直後の経済的に相当疲弊した日本が，戦災からの復興を自力で行うには限界があった。

そこで，日本はアメリカから二国間援助を受けることになった。その援助はガリオア資金（GARIOA，占領地救済政府基金）およびエロア資金（EROA，占領地

経済復興基金）として知られている。これらは1946年から1951年の間に実施され，援助総額は18億ドル（うち13億ドルは無償資金協力）に上った。日本の貿易収支は1945年以降，慢性的な赤字を記録し，毎年3億ドルから8億ドルの貿易赤字であった。したがって，この援助なしに日本の戦後復興は可能ではなかったということができる。もっとも，この援助はアメリカの軍事予算から支出されたものであり，旧敵国の戦災復興に資する目的で供与されたものであった。その意味では，純粋な開発援助資金という性格のものではなかった。

さらに，この間，NGOによる民間援助も行われた。その代表的なものが，ララ物資（LARA，公認アジア救済連盟）とケア物資（CARE）である。前者は，日本救済のため，南北米大陸から集められた物資を一括して日本に送り出す窓口となった。物資による支援のため正確な総額は不明となっているが，400億円程度（約1億ドル）と見積もられている。後者は，1948年に日本に現地事務所を開設して支援に乗り出したものである。支援総額は180億円（約5,000万ドル）と見積もられている。いずれの支援も食料品，医薬品，衣類，日用品などであり，物不足の時期において日本の庶民にとっては貴重な支援であった。

当初，アメリカをはじめとした連合国は日本が再軍備しないように工業部門の復興を妨げようとした。しかし，東西冷戦の開始と朝鮮戦争の勃発により，その方針は180度転換されることになった。そして始まったのが，世界銀行による多国間援助である。世銀融資は1953年から1966年の間に実施され，その間の融資総額は8.6億ドルに達した。世銀融資はおよそ6対4の割合でインフラ整備と基幹産業の能力増強にあてられた。インフラ整備は高速道路の整備が中心であった。名神高速道路の建設や東名高速道路の一部の建設に世銀融資が使用された。また，東海道新幹線や愛知用水（灌漑用水）などのインフラも世銀融資で建設された。

一方，基幹産業の能力増強の対象とされたのは，電力，鉄鋼，造船，自動車である。関西地区で頻発していた停電に対応するため，黒部第四ダムの建設が行われ，また，鉄鋼生産能力の拡大のため，川崎製鉄千葉製鉄所の建設も行われた。世銀融資は31件のプロジェクトに対して充当された。日本は1964年にOECDに加盟したことで先進国の仲間入りを果たすことになったが，長期・

低利融資が特徴である世銀融資を完済したのは 1990 年 7 月であった。

　日本が援助する側として登場するのは 1950 年代半ばである。その前の 1951 年には日本はサンフランシスコ講和条約を締結し，連合国による占領から解放されていた。そして，賠償条項に基づいてアジア諸国（フィリピン，ベトナム，カンボジア，タイ，マレーシア，シンガポールなど）に対して戦後賠償を開始した。もっとも，これはあくまでも賠償であり開発援助とはいえない。その後，1954 年に日本はコロンボ・プランに援助供与国として加盟する。これが日本の開発協力の始まりであり，この年は日本の経済協力元年と位置づけられている。

　この当時の日本は依然として貧しく，資金不足であったため，開発援助といっても商品借款（輸出した物資の代金を援助として供与するもの）や労働役務（技術者の派遣）という形態での援助であった。また，円借款のすべてないしほぼすべてがひも付き援助であった。1958 年刊の『経済協力白書』には，東南アジアに対する経済協力を活用して，日本製機械とプラントの輸出拡大を図ると記されており，経済協力と貿易振興は一体不可分のものとみなされていた。この方針は 1970 年代初頭まで継続した。

　1976 年にフィリピンに対する戦後賠償が終了すると，経済大国の責務として援助に関わることが日本に求められるようになった（日本は 1970 年には名目 GDP において世界第 2 位になっていた）。そこで，日本政府は ODA に関する中期目標を策定し（第 1 回中期目標は 1977 年に策定された），ODA 供与額の拡大という量的目標を掲げた。また，それと同時に，円借款のアンタイド化も実施された。さらに，1980 年代半ば以降，日本の ODA 総額は飛躍的に増大し，1989 年にはかつて援助を供与されたアメリカを追い抜き，日本は世界第 1 位の ODA 供与国となったのであった（図 14-2 を参照）。

開発援助の実績

　日本の二国間 ODA の地域別配分については，東南アジアへの開発援助の供与を日本の輸出振興に結びつけるという方針から，アジア向けがほとんどであった。日本の ODA の半分以上がアジアへ向けられているのは現在も変わらないが，その相対的重要性は逓減している。その一方で，相対的な重要性が高

まっているのがサブサハラアフリカ向けODAである。また，贈与と政府貸付（円借款）の地域別特徴についてみると，アジアでは贈与の中でも技術協力が手厚い一方で，サブサハラアフリカでは無償資金協力が手厚い。さらに，政府貸付については，アジアでは実行額よりも回収額が上回っている。

　日本の二国間ODAの分野別配分については，伝統的に経済インフラ向けが相対的に大きな部分を占めてきた（表14－2を参照）。それは，アジア向けODAが日本の二国間ODAの相対的に大きな部分を占めてきたことと決して無関係ではない。それは，アジアの発展途上国において経済発展が旺盛な中で，さらなる経済的な飛躍を図るために道路や港湾，通信等の経済インフラに対する需要が大きかったからである。しかし，サブサハラアフリカ向けODAの相対的重要性が増してきたことによって，社会インフラに向けられるODAが逓増している。それは，サブサハラアフリカでは，経済活動に先立って国作りの要請が大きく，教育や保険，衛生等の社会インフラに対する需要が依然として大きいからである。もっとも，分野別の特徴は年による変動が大きく，イラクとナイジェリアに対する債務救済が影響して，2000年の分野別ODAでは債務救済の相対的重要性が一時的に高まっている。

▍開発援助の課題

　1990年代になると，日本に限らず，世界の援助供与国が供与するODAに関する議論が活発になった。そこでとり上げられた問題点は大きく次の2つの点である。すなわち，第1にODAの量と質について，第2にODAの商業主義（ひも付き援助）についてである。これらを巡る議論はすでに日本と他の主要DAC加盟国との比較も含めて本章第1節でまとめている（表14－3も参照）。ここでは，日本特有の課題について触れておきたい。

　それは，援助理念の欠如である。もっとも，日本が開発援助に従事し始めた頃にまったく方針がないわけではなかった。すなわち，開発援助の供与を日本の輸出促進と結びつけるというものであった。しかし，日本がその方針を堅持し続けることは経済大国としては適切ではない。そこで，日本政府は「人道主義」と「国際社会の相互依存性」を増進することを理念として援助をすると繰

り返し説明してきた。しかし、これらの2つはあまりにも普遍的すぎて、いかなる国も尊重すべき事柄であることから、これをもって日本の援助理念であるとすることは何も言っていないことに等しかった。

そこで、日本政府は1992年に「ODA大綱」を作成した。そこで明確にされたことは、これまでODAを実施する際に念頭に置いてきた「自助努力」を明文化したことであった（表14-5を参照）。そして、開発援助50周年を迎える前年の2003年に「新ODA大綱」を作成し、その後の日本の開発援助の基本方針が新たに示された。

2015年になると、日本政府はこれまでの「ODA大綱」に代わる「開発協力大綱」を作成した（2015年2月閣議決定）。それは、先進国経済が低迷する一方で、新興国の台頭が目覚ましく、世界のパワーバランスが大きく変化していること、発展途上国の開発にとってODA以上に民間の資金や活動が重要になってきていること、発展途上国と共に国際社会の平和や安定を構築していくこと

表14-5　ODA大綱の変遷

	目的	基本方針
旧ODA大綱	自助努力の支援を通じて健全な経済発展を促進し、日本との友好関係の一層の増進を図ること	①環境と開発の両立 ②基礎生活分野を中心とした支援 ③インフラ整備 ④相手国からの要請 ⑤アジアの開発政策の経験の活用、など
新ODA大綱	国際社会の平和と発展に貢献し、これによって日本の安全と繁栄を確保すること	①自助努力 ②人間の安全保障 ③公平性の確保 ④日本の経験と知見の活用 ⑤国際社会における協調と連携
開発協力大綱	国際社会の平和と安定及び繁栄に貢献し、これによって日本の国益を実現すること	①非軍事的協力による平和と繁栄への貢献 ②人間の安全保障の推進 ③自助努力支援と日本の経験と知見を踏まえた対話・協働による自立的発展に向けた協力

(出所) 外務省ホームページより作成。

が必要であること，などへの対応が求められるようになってきたからであった。「開発協力大綱」には，これまでの「大綱」に盛り込まれてこなかった内容として，日本の国益を追求することが目的の1つに明記されたこと，ODAの対象に軍又は軍籍を有する者が関係することが認められたこと（非軍事目的の開発協力に限られる），がある。「開発協力大綱」の作成前に設けられた有識者懇談会は，報告書で，国際益を優先することで短期的に国益が損なわれても，中長期的に見れば国益に適うことも十分に認識されるべきであるとまとめた。国際益という文言は「開発協力大綱」では「平和で安定し，繁栄した国際社会の構築」とぼやかされている。しかし，有識者懇談会においてそうした議論が行われた背景には，国際貢献に対する日本への期待がますます高まっていることがある。しかし，それと同時に，国際貢献への日本の責任がそれだけ重くなっていることも我々は認識する必要があろう。

索　引

A－Z

BRICs……………………57～60, 103
BRICS………………………………57
MDGs……………………………173, 175
NIEO……………………………44～47
NIEs…………12, 19, 50～52, 55, 65, 70,
　74～77, 79, 126, 135, 145
ODA大綱………………………………179
UNCTAD…………34～41, 43～48, 50, 130
WTO………………………132, 136, 145, 146

ア

アジア通貨危機………57, 79, 159, 162, 163
一次産品問題…………………38～41, 45, 130
援助競争………………………34, 171, 172
援助疲れ……………………………172, 173
オイルダラー………………………151, 155

カ

加工貿易……………………126, 127, 135, 159
偽装失業……………………………100, 101
極度の貧困………………………………16, 113
グラミン銀行………………82～84, 120, 121
交易条件……………………38, 39, 129, 156
構造調整プログラム………………156, 172
構造調整融資……………………………162, 163
国連貿易開発会議………………………………34
コロンボ・プラン……………………28, 177

サ

人口の罠………………………91, 92, 94
人口爆発………………………90, 92, 93
新国際経済秩序……………………44, 48
新自由主義…………69, 70, 73, 172, 173
世界貿易機関………………………132, 145
石油危機………44, 48～50, 151, 153,
　155, 156
ソーシャル・キャピタル………79～84
ソブリン貸し付け……………152, 155

タ

適正技術…………………………………110
トリックルダウン………………67, 117

ナ

南南問題……………………48, 49, 52, 53
南北問題…………30, 31, 35, 37, 39, 40,
　48, 53, 146

ハ

東アジアの奇跡………55, 57, 74～77, 159
ビッグ・プッシュ………………104, 105, 109
ひも付き援助……………170, 171, 177, 178
プレビッシュ…………37～40, 128, 129, 133
分業……………24, 25, 27, 32, 52, 127, 142,
　143, 146, 172

マ

ミレニアム開発目標……………………173
モノカルチャー………………………25, 46, 172

ヤ

輸出促進戦略………………130〜133, 135
輸入代替戦略…………130, 133〜135, 155

幼稚産業保護論………………………133
余剰労働力……………………66, 67, 106, 117

ラ

累積債務問題………52, 69, 70, 150, 154, 156, 158, 162, 172
労働集約型産業………………………110

《著者紹介》

辻　忠博（つじ・ただひろ）

1966 年　京都市生まれ。
1991 年　日本大学経済学部経済学科卒業。
その後，日本大学大学院経済学研究科，英国リーズ大学大学院開発学研究科で学び，
2003 年　リーズ大学大学院東アジア学研究科博士課程中途退学。
2008 年　日本大学経済学部教授。

主要著書

『産業集積と新しい国際分業―グローバル化が進む中国経済の新たな分析視点―』（共著）文眞堂，2007 年。
『現代アジア事典』（共編）文眞堂，2009 年。
『経済政策の理論と現実』（共著）学文社，2009 年。
『アジア経済発展論』（共著）文眞堂，2010 年。
Rebirth of the Silk Road and a New Era for Eurasia（共著）Yachiyo Shuppan, 2015 年。

（検印省略）

2015 年 3 月 20 日　初版発行　　　　　　　略称―経済開発

経済開発のエッセンス

著　者	辻　　忠博
発行者	塚田　尚寛

発行所　東京都文京区　株式会社　創 成 社
　　　　春日 2-13-1

電　話　03（3868）3867　　FAX　03（5802）6802
出版部　03（3868）3857　　FAX　03（5802）6801
http://www.books-sosei.com　振　替　00150-9-191261

定価はカバーに表示してあります。

©2015 Tadahiro Tsuji　　組版：トミ・アート　印刷：エーヴィスシステムズ
ISBN978-4-7944-3161-5 C3033　製本：宮製本所
Printed in Japan　　落丁・乱丁本はお取り替えいたします。

── 経済学選書 ──

経済開発のエッセンス	辻　忠博	著	2,100 円
中国企業対外直接投資のフロンティア ―「後発国型多国籍企業」の対アジア進出と展開―	苑　志佳	著	2,800 円
地域発展の経済政策 ― 日 本 経 済 再 生 へ む け て ―	安田　信之助	編著	3,200 円
「日中韓」産業競争力構造の実証分析 ―自動車・電機産業における現状と連携の可能性―	上山　邦雄 郝　燕書 呉　在烜	編著	2,400 円
マ ク ロ 経 済 入 門 ― ケ イ ン ズ の 経 済 学 ―	佐々木　浩二	著	1,800 円
現 代 経 済 分 析	石橋　春男	編著	3,000 円
マ ク ロ 経 済 学	石橋　春男 関谷　喜三郎	著	2,200 円
ミ ク ロ 経 済 学	関谷　喜三郎	著	2,500 円
福 祉 の 総 合 政 策	駒村　康平	著	3,000 円
グローバル化時代の社会保障 ― 福祉領域における国際貢献 ―	岡　伸一	著	2,200 円
入 門 経 済 学	飯田　幸裕 岩田　幸訓	著	1,700 円
マクロ経済学のエッセンス	大野　裕之	著	2,000 円
国 際 公 共 経 済 学 ― 国際公共財の理論と実際 ―	飯田　幸裕 大野　裕之 寺崎　克志	著	2,000 円
国際経済学の基礎「100項目」	多和田　眞 近藤　健児	編著	2,500 円
ファーストステップ経済数学	近藤　健児	著	1,600 円
日 本 の 財 政	大川　政三司 大森　雅司 大江　誠浩史 江池　田治 久保田　昭	著	2,800 円
財 政 学	小林　威光　監修 望月　正博 篠原　正隆 栗林　彦 半谷　俊	編著	3,200 円

(本体価格)

── 創成社 ──